EXCEL 2013

ANA MARTOS RUBIO

Edición española:

© EDICIONES ANAYA MULTIMEDIA
(GRUPO ANAYA, S.A.), 2013
Juan Ignacio Luca de Tena, 15.
28027, Madrid
Depósito legal: M.3.532-2013
ISBN: 978-84-415-3358-5
Printed in Spain

Índice

I

INTRODUCCIÓN

Microsoft Excel es la hoja de cálculo más potente, versátil y sencilla del mercado. Forma parte de la suite Microsoft Office, junto con otros programas que facilitan al usuario los trabajos burocráticos realizados con el ordenador. La última versión de este programa es Office 2013.

Utilizar una hoja de cálculo resulta una experiencia interesante por el tiempo y el esfuerzo que se puede ahorrar y por la exactitud de los resultados que se consiguen. Y utilizar una hoja de cálculo como Microsoft Excel 2013 supone acercarse a la tecnología más actual y más próxima al usuario, porque todo en ella está pensado para facilitar las tareas.

Si nunca ha empleado una hoja de cálculo, se sorprenderá de lo mucho que puede conseguir con muy poco trabajo y se sorprenderá aún más de los avances que podrá realizar en escaso tiempo, cuando se familiarice con las distintas funciones y pruebe a adentrarse en los innumerables recursos de Excel.

Si ya conoce versiones anteriores de Excel, encontrará en Excel 2013 novedades tan interesantes como la posibilidad de realizar un análisis instantáneo de los datos seleccionados o formatear un gráfico, ya sea elemento a elemento, o bien completo, con un simple clic.

Este libro le ayudará a crear y a mejorar sus libros de trabajo y sus hojas de cálculo y le llevará, paso a paso, a través de las opciones y recursos de Excel de una forma sencilla y practica para que domine el programa rápidamente y sin complicaciones.

CONOZCA EXCEL 2013

Excel 2013 está comprendido en la suite ofimática Microsoft Office 2013, que incluye varios programas como Word o Power Point.

INSTALACIÓN

Instalar Office 2013 es muy fácil porque el proceso es automático. Al insertar el disco que contiene el programa en el lector de CD-ROM, Windows muestra el cuadro de diálogo Reproducción automática sugiriendo varias acciones, entre ellas, instalar o ejecutar el programa. Acepte esa opción haciendo clic en ella o pulsando la tecla **Intro**.

Si es la primera vez que se instala Office y no hay una versión anterior, el programa de instalación da a elegir entre dos opciones:

- Instalar ahora. Instala la suite completa. Es la opción más recomendable si se carece de experiencia.

- Personalizar. Permite elegir los programas a instalar y seleccionar los componentes de cada uno. Esta modalidad es para usuarios con experiencia.

Si tiene instalada una versión anterior de Office, el programa de instalación mostrará dos opciones:

- Actualizar. La nueva versión 2013 se instalará sobre la antigua, eliminándola.

- Personalizar. El programa le preguntará si desea actualizar la versión anterior o conservar la antigua e instalar la nueva en otra carpeta. Si desea mantener ambas, haga clic en el botón de opción Mantener todas las versiones anteriores. Si tiene instalados programas de otras versiones y no las versiones completas, podrá elegir los programas a mantener activando las correspondientes casillas de verificación.

Truco: A pesar de que Office 2013 convive con versiones anteriores, como Office 2007 ó 2010, es posible que Excel le dé problemas al trabajar indistintamente con una u otra versión, porque a veces precisa reinstalar algún componente compartido y la puesta en marcha de cada versión se hace muy lenta. Para mantener dos versiones del programa, es recomendable cambiar la carpeta de destino de una de ellas, al instalarla, haciendo clic en la pestaña Ubicación de archivos del programa de instalación y eligiendo una carpeta distinta en el disco duro, creada para ese fin. (Véase la figura 1.1.)

Figura 1.1. El programa de instalación permite mantener distintas versiones de Office.

Al final de la instalación aparece un cuadro de diálogo que le invita a obtener actualizaciones del programa cuando las haya. Para cerrarlo y empezar a trabajar con Excel, haga clic en **Cerrar**.

Activación de Office 2013

La activación de Office es un proceso muy sencillo guiado por un asistente que solicitará la clave del producto. Si no se activa, al cabo de un tiempo pierde la mayoría de las funciones.

- Para comprobar si el producto está activado haga clic en la pestaña Archivo y después en la opción Cuenta. Si el programa necesita activación, encontrará un mensaje escrito en rojo en la zona derecha de la ventana indicando que se requiere activar el producto, así como la opción Cambiar la clave de producto en el que hacer clic para escribir la clave del producto.

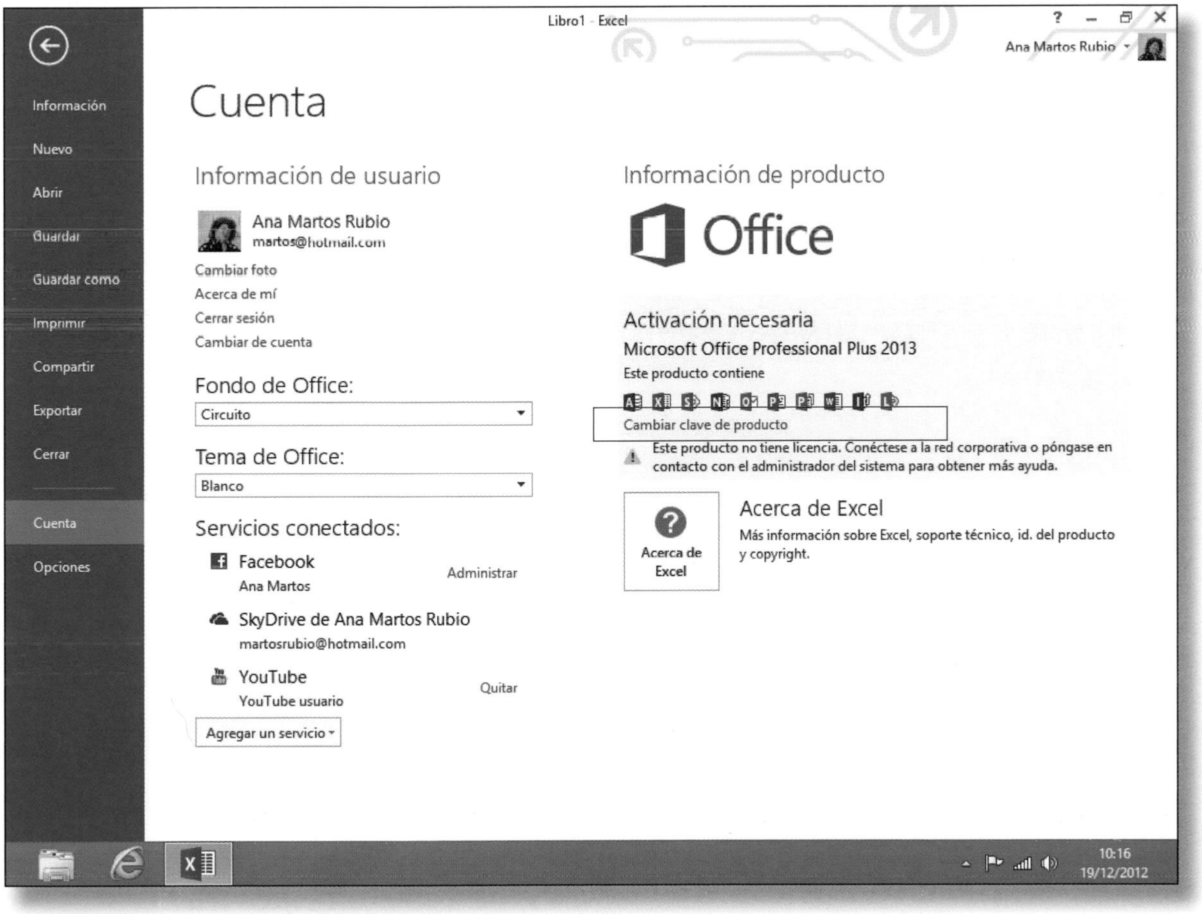

Figura 1.2. Excel precisa activación.

- Si no es necesaria la activación o ya se ha activado, en lugar del mensaje de activación, la ventana Cuenta mostrará los datos del producto.

Nota: La clave del producto es una serie de números y letras de 25 caracteres que encontrará en un adhesivo pegado a la caja del disco de Office 2013. Después de escribir esta clave, puede registrar Microsoft Office a través de Internet, siguiendo unas sencillas instrucciones del Asistente. Si lo desea, también puede activar el producto por teléfono con ayuda del servicio de atención al cliente de Microsoft. El teléfono de Atención al Cliente es 902-197-198.

Modificar la instalación o desinstalar Office

Después de instalar Office 2013 es posible añadir o quitar funciones o programas, reparar la instalación o desinstalar el programa.

PRÁCTICA:

Para modificar la instalación de Office 2013, hay que hacer lo siguiente:

1. Haga clic en el icono **Buscar**, en el extremo derecho de la pantalla de Windows 8.

2. Haga clic en la barra de desplazamiento para desplazarse a la derecha de la pantalla y ver las Aplicaciones de Windows.

3. Haga clic en Panel de control. Se encuentra bajo el epígrafe Sistema de Windows.

4. Seleccione Programas>Programas y características.

5. Seleccione Microsoft Office 2013 y haga clic en la opción Cambiar de la barra de herramientas.

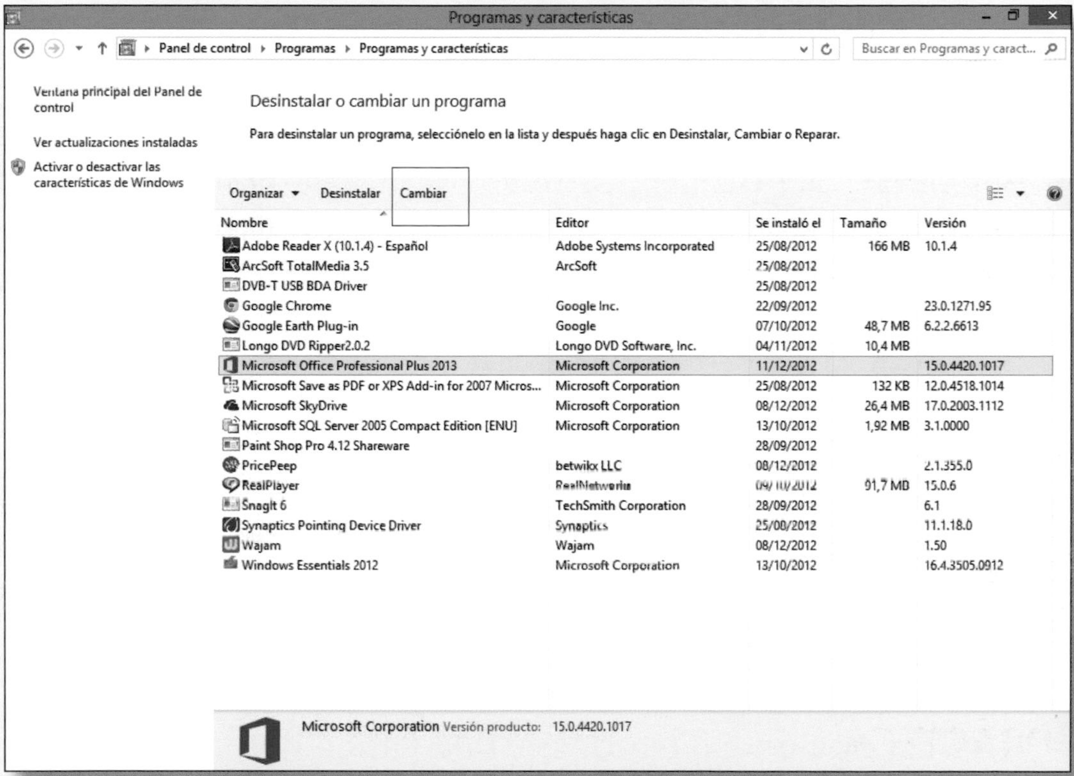

Figura 1.3. Office en el Panel de control.

6. El cuadro de diálogo que aparece ofrece cuatro opciones:

- Agregar o quitar funciones. Es la opción predeterminada. Haga clic en **Continuar** para añadir un programa no instalado o quitar una función que no utilice.

En la pestaña Opciones de instalación, seleccione el programa o función a modificar, haciendo clic en la flecha abajo para elegir si instalarlo o no (véase la figura 1.4).

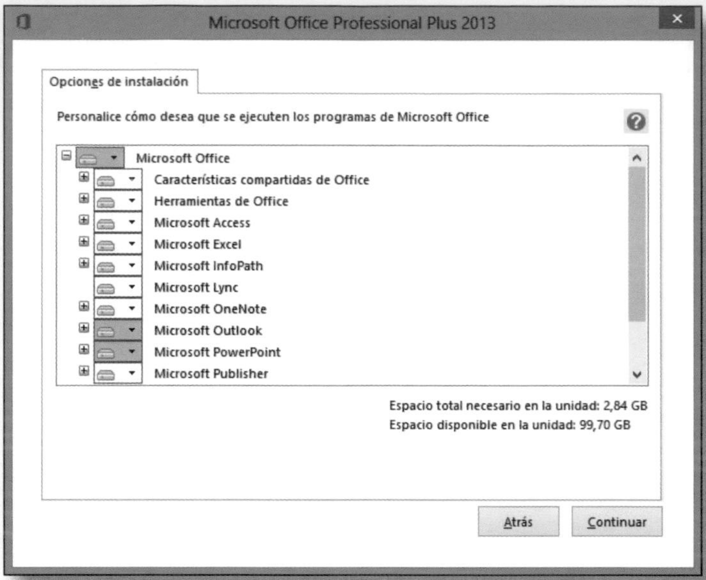

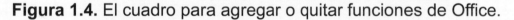

Figura 1.4. El cuadro para agregar o quitar funciones de Office.

- La opción Reparar es útil si observa irregularidades en el comportamiento del programa por haberse deteriorado algún componente.

- La opción Quitar desinstala Office completamente. Utilícela si tiene varias versiones de Office y quiere desinstalar una versión completa. Recuerde que se desinstalará la versión que haya seleccionado en el Panel de control, sobre la que haya hecho clic.

- La opción Escriba una clave de producto permite activar y registrar Office si aún no lo ha hecho.

Advertencia: Tenga en cuenta que los programas de instalación no se limitan a descomprimir y copiar los archivos en una carpeta del disco duro, sino que copian e instalan accesos, bibliotecas y rutinas en diversos lugares del equipo. Por tanto, es muy importante no eliminar un programa borrándolo o borrando la carpeta, sino que se debe utilizar el programa de desinstalación, si lo tiene. Si no tiene programa de desinstalación, hay que emplear el cuadro de diálogo Programas y características del Panel de control de Windows, seleccionar la aplicación y hacer clic en la opción Cambiar o Desinstalar.

Truco: La forma más cómoda de desinstalar un programa es localizar su mosaico en la pantalla Inicio de Windows 8, hacer clic con el botón derecho del ratón sobre el mosaico y seleccionar la opción Desinstalar en el menú que aparece en la parte inferior de la pantalla.

Una vez instalado Office 2013, Windows 8 crea un mosaico para cada uno de los programas de la suite. Los encontrará en el extremo derecho de la ventana Inicio. Arrastre la barra de desplazamiento hacia la derecha para ver todos los mosaicos creados.

Figura 1.5. Windows 8 crea un mosaico para cada
uno de los programas instalados.

Para poner en marcha un programa, solamente hay que hacer clic en el mosaico correspondiente.

Truco: No olvide que puede trasladar los mosaicos al lugar que desee, simplemente haciendo clic en el mosaico y arrastrando el ratón hasta el lugar deseado. Cuando suelte el botón del ratón, el mosaico se habrá trasladado al nuevo lugar. De esta manera puede colocar Excel o los programas que más utilice en un lugar más accesible y cómodo.

Libros: Encontrará toda la información sobre Windows 8 en el libro de esta misma colección *Windows 8*.

PRÁCTICA:

Lleve Excel 2013 al Escritorio de Windows 8:

1. Localice el mosaico Excel en la pantalla Inicio de Windows 8.

2. Haga clic sobre él con el botón derecho del ratón.

3. En el menú que se despliega en la parte inferior de la ventana, haga clic en la opción Anclar a la barra de tareas (véase la figura 1.5).

4. Ahora podrá poner Excel en marcha desde el Escritorio, haciendo clic en el botón que queda anclado a la barra de tareas.

Nota: La primera vez que ponga Excel en marcha, aparecerá una ventana solicitando su aprobación para instalar todas las actualizaciones de Office que Microsoft genere. Acepte la configuración recomendada o haga clic en el botón de opción Preguntarme más tarde. Haga clic en **Aceptar** para cerrar esta ventana.

A continuación y también esta primera vez, aparecerá una ventana de bienvenida que le invitará a hacer un recorrido por las funciones del programa. Si no desea realizar el Paseo, haga clic en el botón **Cerrar** que tiene forma de aspa y se encuentra en la esquina superior derecha de la ventana.

Figura 1.6. El botón de Excel en la barra de tareas del Escritorio con el menú contextual.

Para salir de Excel 2013, hay que hacer clic en el botón **Cerrar** que tiene forma de aspa, situado en la esquina superior derecha de la ventana.

Si tiene abiertos varios libros en diversas ventanas, solamente se cerrará la ventana activa. Para cerrarlas todas, haga clic con el botón derecho del ratón en el icono de Excel 2013 en la barra de tareas de Windows y seleccione Cerrar todas las ventanas en el menú contextual que vemos en la figura 1.6.

Si quiere cerrar unas ventanas y mantener otras abiertas, aproxime el ratón al botón de Excel en la barra de tareas. Cuando aparezcan las miniaturas de los libros que tiene abiertos, acerque el ratón a la que quiera cerrar y haga clic en su botón **Cerrar**.

Figura 1.7. Las miniaturas de los libros abiertos en distintas ventanas.

LA VENTANA DE EXCEL 2013

La ventana de Excel 2013 tiene los elementos que muestra la figura 1.8.

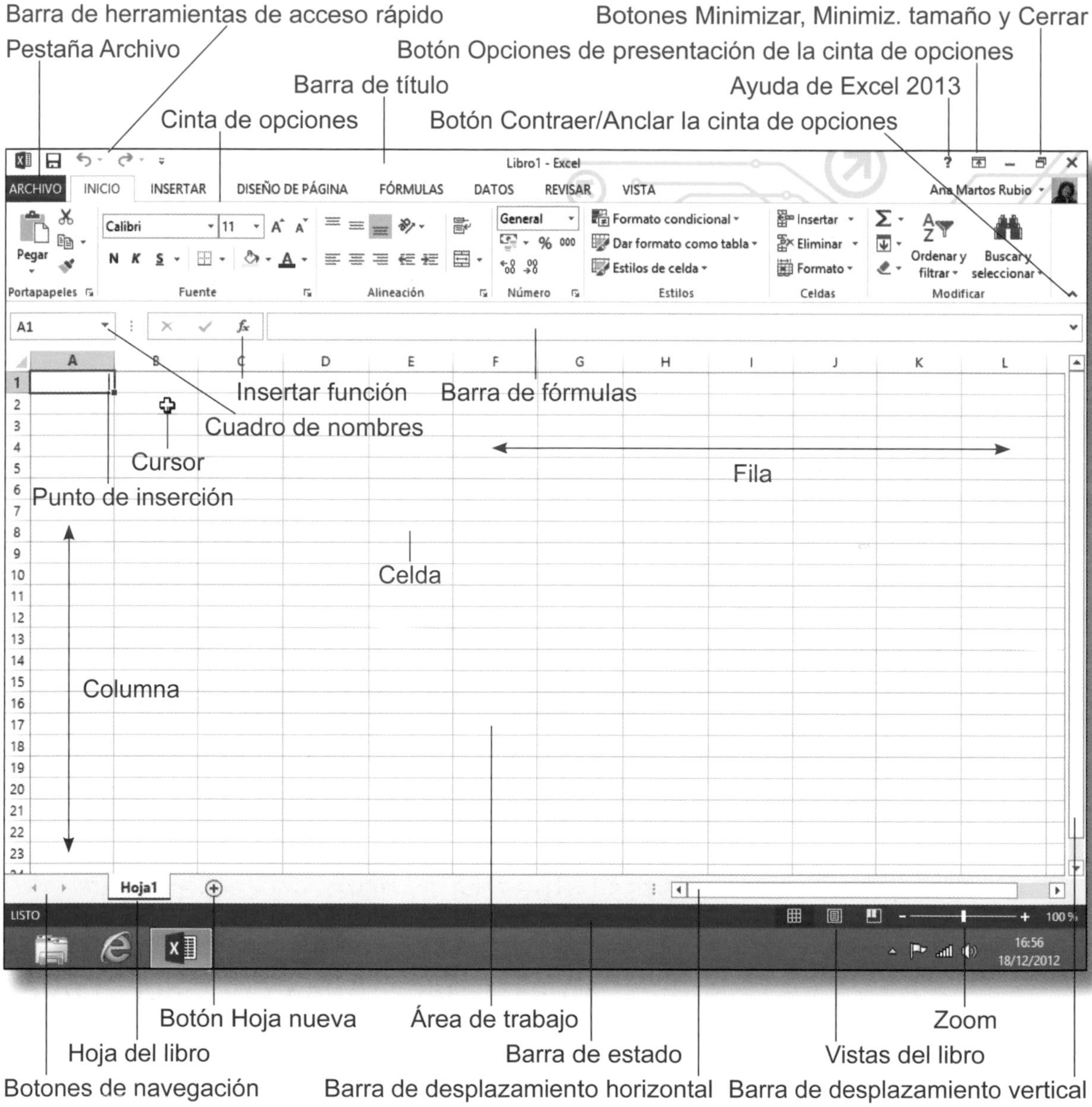

Figura 1.8. La ventana de Excel 2013.

Los elementos de la ventana de Excel 2013

La ventana de Excel 2013 tiene los elementos siguientes:

- La zona central en blanco, llamada área o ventana de trabajo, donde se insertan los datos y las fórmulas.

- La barra de título situada en la parte superior, indicando el título del libro. Observe que en la figura 1.8 se llama *Libro1*. Es el nombre que Excel le da al libro hasta que el usuario lo guarda y le da un nombre adecuado.

- Los botones **Minimizar**, **Minimiz. tamaño** y **Cerrar**, situados en el extremo derecho de la barra de título, similares a los de todas las ventanas de Windows.

  - **Minimizar** convierte el programa en un botón de la barra de tareas de Windows que se despliega de nuevo haciendo clic en él.

  - **Minimiz. tamaño** modifica el tamaño de la ventana contrayéndola o extendiéndola a toda la pantalla. Si está contraída, el botón se llama en **Maximizar**.

  - **Cerrar** cierra el programa.

  - Las barras de desplazamiento vertical y horizontal. Sirven para desplazarse en el libro respectivamente hacia abajo o hacia la derecha, cuando éste no cabe completo en la ventana.

  - El cuadro de nombres. Muestra el nombre de la celda activa o su referencia en la hoja.

  - La barra de fórmulas. Muestra la fórmula del cálculo que se realiza en la celda activa.

  - Filas y columnas. La ventana de trabajo está compuesta por filas y columnas numeradas que se intersecan formando celdas.

- Celdas. Una celda está formada por la intersección de una fila y una columna. Se denomina según su referencia compuesta por la letra de la columna y el número de la fila. Así, la celda B2 se encuentra en la intersección de la columna B y la fila 2. Su referencia, por tanto, es B2.

- Hojas de cálculo. Las fichas de la parte inferior de la ventana corresponden a las hojas de cálculo que componen el libro y permiten desplazarse de una a otra con un clic. Si las hojas de cálculo son muy numerosas, se utilizan los botones de navegación para desplazarse entre ellas. El botón **Hoja nueva** añade una hoja en blanco al libro.

El punto de inserción y el cursor

El punto de inserción es una barra vertical que parpadea en la celda activa, invitando a escribir. Para desplazarlo a otra celda, sólo hay que hacer clic en ella. El cursor es el puntero del ratón que indica en qué lugar nos encontramos en la hoja. Tiene forma de signo de sumar para indicar que podemos escribir números, pero otras veces adquiere formas diferentes según la función a llevar a cabo. Veremos los cursores de Excel en el capítulo 2.

La cinta de opciones

La cinta de opciones está situada encima del área de trabajo, inmediatamente debajo de la barra de título. Se compone de diversas fichas que contienen numerosas herramientas. Para acceder a cada ficha, hay que hacer clic en la pestaña correspondiente.

El botón **Opciones de presentación de la cinta de opciones**, situado en la parte superior derecha de la ventana, permite controlar el comportamiento de la cinta. Al hacer clic en él, se despliega un menú con opciones. La cinta de opciones se puede esconder para ampliar el área de trabajo. Para ello, hay que hacer clic en el botón **Contraer la cinta de**

opciones, situado en el extremo derecho de la cinta. Con ello, únicamente se ven las pestañas de las fichas. Para visualizarla completa de nuevo, hay que hacer clic en cualquier pestaña y después en el mismo botón que habrá pasado a llamarse **Anclar la cinta de opciones**.

- Las fichas de la cinta. Cada ficha está dedicada a una tarea y contiene grupos de comandos, herramientas o funciones reunidos de forma lógica. En la figura 1.8 puede verse el nombre de las fichas: Inicio, Insertar, Diseño de página, Fórmulas, Datos, Revisar y Vista. De forma predeterminada, la ficha activa es Inicio. Para pasar a cualquier otra ficha basta hacer clic en la pestaña correspondiente.

- Grupos. Cada grupo está diferenciado de los demás con un recuadro. En la ficha Inicio, por ejemplo, se distinguen 7 grupos: Portapapeles, Fuente, Alineación, Número; Estilos; Celdas y Modificar.

- Comandos, herramientas y funciones. Cada grupo contiene diversos comandos y botones. Por ejemplo, el grupo Portapapeles de la ficha Inicio, que es el primero por la izquierda, muestra los comandos Pegar, Cortar, Copiar y Pegar formato.

- Cuadros de diálogo y paneles de navegación. Cada grupo muestra en su esquina inferior derecha un pequeño botón con forma de flecha, llamado Iniciador de cuadro de diálogo. Al hacer clic sobre él, se despliega el cuadro o panel correspondiente.

PRÁCTICA:

Explore la cinta de opciones de Excel 2013:

1. Haga clic en la pestaña de las diferentes fichas de la cinta de opciones para verlas completas y examinar sus grupos y los comandos que contienen.

2. Para conocer la función de un botón o comando, aproxime el cursor sin hacer clic y espere unos segundos. Enseguida aparecerá la información de herramientas.

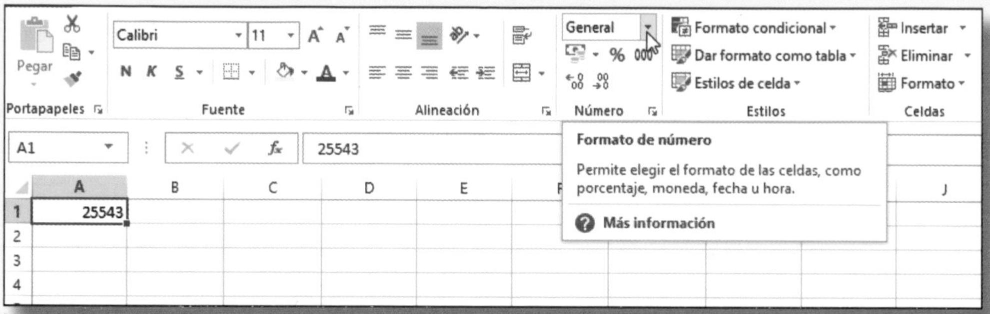

Figura 1.9. Al aproximar el ratón, aparece la información de herramientas.

PRÁCTICA:

Practique con el **Iniciador de cuadro de diálogo**.

1. Aproxime el cursor al botón **Iniciador de cuadro de diálogo** del grupo Fuente de la ficha Inicio para ver la información. Es el pequeño cuadro con una flecha que se ve en el extremo inferior derecho del grupo.

2. A continuación, haga clic en el mismo lugar para desplegar el cuadro de diálogo. Puede cerrarlo haciendo clic en el botón **Cerrar**, el que tiene forma de aspa en el extremo superior derecho.

La barra de estado

La barra de estado de Excel 2013 se halla en el extremo inferior de la pantalla. La zona de la izquierda indica si están activadas algunas de las funciones del programa. La zona de la derecha contiene los elementos siguientes:

- Vistas del libro. Contiene botones para visualizar el libro en modo Normal, Diseño de página y Vista previa de salto de página.

  - La vista Normal muestra la hoja de cálculo de la forma más cómoda y legible.

  - La vista Diseño de página muestra la hoja con todos sus parámetros y herramientas para modificarla. Permite ver los encabezados, el tamaño y los detalles de la página.

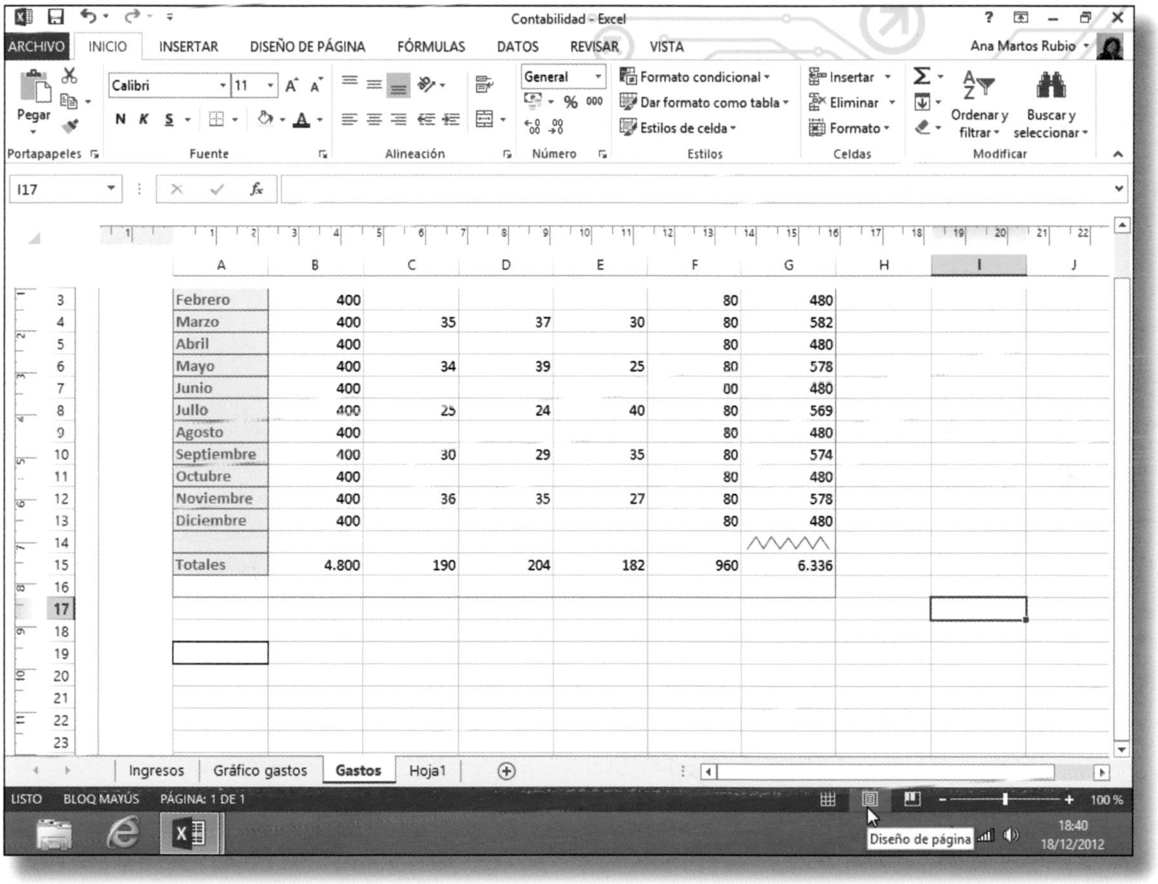

Figura 1.10. Una hoja de cálculo en vista Diseño de página.

- La Vista previa salto de página permite ver dónde va a terminar una página y a empezar la siguiente. Esto hace posible evitar saltos de página inadecuados a la hora de imprimir.

- Zoom. Contiene un control deslizante que se puede mover a derecha o izquierda para ampliar o reducir la hoja.

Figura 1.11. El control deslizante del Zoom amplía
o disminuye la vista de la hoja de cálculo.

- Nivel de zoom. Indica el porcentaje de ampliación de la hoja.

PRÁCTICA:

Haga clic en el control deslizante del zoom y arrástrelo a la derecha y a la izquierda para comprobar el resultado.

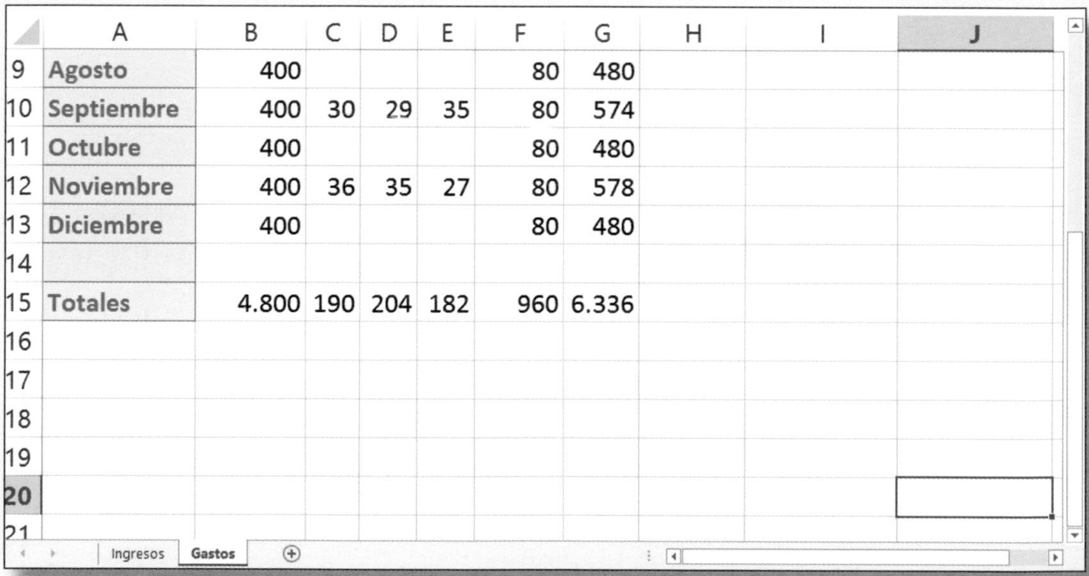

	A	B	C	D	E	F	G	H	I	J
9	Agosto	400				80	480			
10	Septiembre	400	30	29	35	80	574			
11	Octubre	400				80	480			
12	Noviembre	400	36	35	27	80	578			
13	Diciembre	400				80	480			
14										
15	Totales	4.800	190	204	182	960	6.336			
16										
17										
18										
19										
20										
21										

Ingresos | Gastos

Figura 1.12. El Zoom amplía el contenido de la hoja de cálculo.

La barra de estado tiene también un menú contextual que se despliega al hacer clic sobre ella con el botón derecho del ratón. Este menú permite activar y desactivar opciones con un clic.

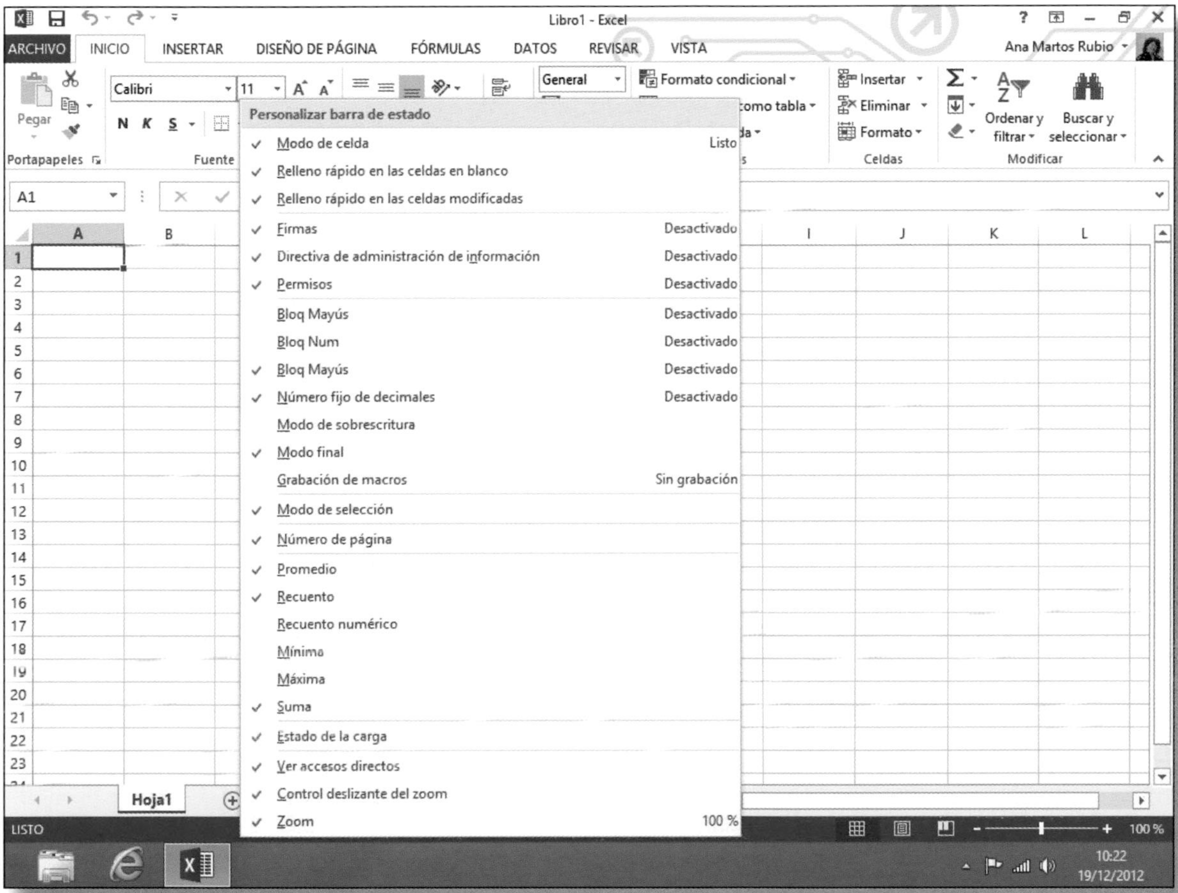

Figura 1.13. El menú para personalizar la barra de estado.

La barra de herramientas de acceso rápido

La barra de herramientas de acceso rápido está situada en la parte superior izquierda de la ventana. Contiene botones que facilitan el acceso directo a algunas funciones, como Guardar o Deshacer. Pero es posible añadir otras funciones y comandos que se utilicen con frecuencia.

PRÁCTICA:

Agregue comandos a la barra de herramientas de acceso rápido.

1. Haga clic en el botón **Personalizar barra de herramientas de acceso rápido**, para desplegar el menú. Está situado en el extremo derecho de la barra y muestra una pequeña flecha abajo.

2. Seleccione en el menú el comando o comandos que le parezcan más interesantes. Por ejemplo, Nuevo le permitirá abrir un nuevo libro con un solo clic. Impresión rápida le permitirá imprimir un libro o una hoja de cálculo con un solo clic, utilizando los parámetros de impresión configurados anteriormente. Puede ver los comandos en la figura 1.14.

3. Para eliminar un comando de la barra, haga clic en él con el botón derecho del ratón y seleccione Eliminar de la barra de herramientas de acceso rápido en el menú contextual. Siempre podrá agregarlo de nuevo.

4. Si lo desea, también puede agregar cualquier botón o comando de la cinta de opciones a la barra de herramientas de acceso rápido. Para ello, haga clic con el botón derecho sobre el comando o botón y seleccione Agregar a la barra de herramientas de acceso rápido en el menú contextual.

5. Si aproxima el ratón a las opciones del menú desplegado de la barra de herramientas de acceso rápido, podrá comprobar que, si un comando está desactivado, la información de herramientas indica "Agregar a la barra de herramientas de acceso rápido", mientras que si lo aproxima a un comando activado, la información indicará "Eliminar de la barra de herramientas de acceso rápido".

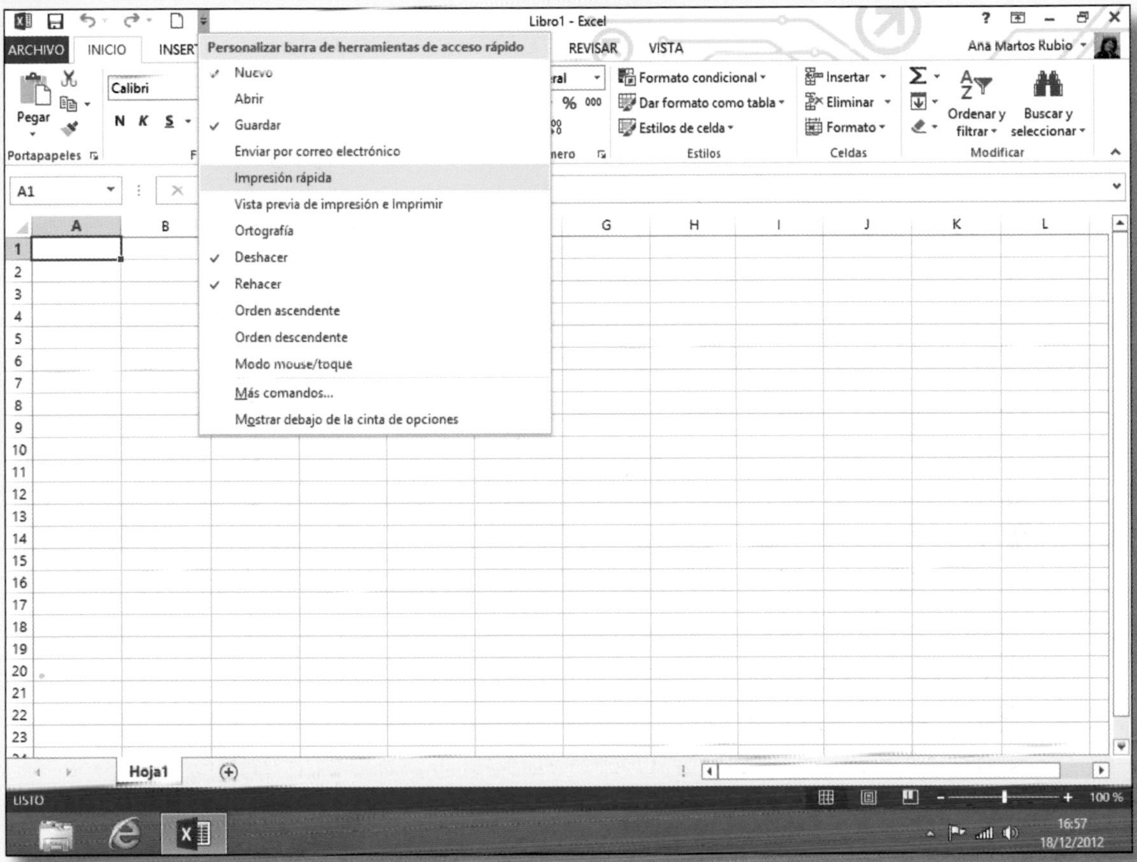

Figura 1.14. El menú de la barra de herramientas de acceso rápido permite agregarle nuevos comandos.

La vista Backstage

Office 2013 denomina "vista Backstage" a la vista posterior del programa que contiene las opciones del menú Archivo. Se accede a ella haciendo clic en la pestaña Archivo, situada a la izquierda de la cinta de opciones.

Se cierra haciendo clic en la flecha que apunta a la izquierda, situada en el extremo superior del menú (véase la figura 1.15). Con ello se vuelve al libro activo. La vista Backstage tiene varias fichas, a las que se accede haciendo clic en las opciones de igual nombre:

Figura 1.15. Las opciones del menú Archivo en la vista Backstage.

- Información. Muestra información sobre el libro activo, como versiones, tamaño, etc.

- Nuevo. Da acceso a la ventana para crear un nuevo libro y utilizar las plantillas disponibles.

- Abrir y Cerrar. Se emplean para abrir y cerrar libros.

- Guardar y Guardar como. Se emplean para guardar los libros.

- Imprimir. Muestra una vista de la hoja de cálculo tal y como se imprimirá. Ofrece opciones para modificar márgenes, orientación, número de copias, impresora a emplear, etc.

- Compartir. Permite enviar el libro por correo electrónico o guardarlo en el espacio personal de Windows SkyDrive en Internet.

- Exportar. Permite guardar libros en formato PDF para leerlos con un programa como Adobe Reader o un lector de libros electrónicos.

- Cuenta. Tiene opciones para iniciar sesión en Internet o activar Office.

- Opciones. Abre el cuadro de diálogo Opciones de Excel con diversas fichas para personalizar el programa.

PRÁCTICA:

Haga clic en las distintas opciones de la pestaña Archivo. Vea las fichas de la vista Backstage y examine el cuadro de diálogo Opciones de Excel. Utilizaremos las más importantes a lo largo del libro.

La Ayuda de Excel 2013

Encontrará la Ayuda en un botón con una interrogación que se encuentra en la esquina superior derecha de la cinta de opciones, a la izquierda de los botones. Al hacer clic en él, se despliega un cuadro con explicaciones detalladas de los distintos procesos y tareas.

PRÁCTICA:

Pruebe la Ayuda de Excel 2013 haciendo clic en el icono marcado con una interrogación. Cuando se despliegue el cuadro de diálogo, haga clic en los distintos temas para verlos. Escriba una pregunta en la casilla de búsquedas.

Otros elementos de Excel

Además de los elementos que hemos visto, Excel ofrece menús contextuales y una paleta de formato.

Los menús contextuales son menús que se despliegan al hacer clic con el botón derecho del ratón en un lugar determinado del libro. Se llaman contextuales porque ofrecen opciones relativas al contexto en el que aparecen, como el menú visto anteriormente de la barra de estado.

PRÁCTICA:

Haga clic con el botón derecho del ratón sobre el área de trabajo en cualquier libro que tenga abierto, aunque sea un libro en blanco. Observe que aparece el menú contextual y cerca de él (encima, debajo o junto a él, según el lugar), la paleta de formato con opciones para formatear el texto.

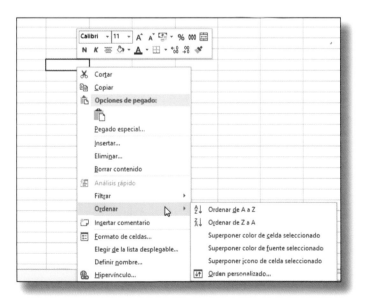

Figura 1.16. El menú contextual del área de trabajo y la paleta de formato aparecen aunque el libro esté en blanco.

- El menú contextual y la paleta se cierran al hacer clic fuera de ellos.

- El menú contextual contiene algunas de las opciones de la cinta de opciones como Copiar, Insertar u Ordenar.

- La paleta de formato, aparece junto con el menú contextual al hacer clic con el botón derecho en el área de trabajo. Ofrece opciones para aplicar formato al texto similares a las que se encuentran en la ficha Inicio, como Tamaño de fuente, Negrita o Cursiva.

ABRIR Y CERRAR EXCEL

Para abrir Excel hay que hacer clic sobre su mosaico en la pantalla Inicio de Windows 8. Si no dispone de Windows 8 y/o ha anclado el programa a la barra de tareas del Escritorio de Windows, solamente tendrá que hacer clic sobre el botón **Excel**, situado en la barra de tareas junto al Explorador de archivos e Internet Explorer.

Para cerrar Excel hay que hacer clic en el botón **Cerrar** situado en la esquina superior derecha de la ventana del programa.

2

EL TRABAJO CON EXCEL 2013

ABRIR Y CERRAR UN LIBRO DE CÁLCULO

Al ponerse en marcha, Excel presenta el aspecto que vemos en la figura 2.1. Si ya se han utilizado libros de cálculo con una versión anterior, aparecen en la lista Recientes. Si es la primera vez que se emplea este programa, Excel ofrece abrir un libro nuevo en blanco o utilizar una de sus plantillas.

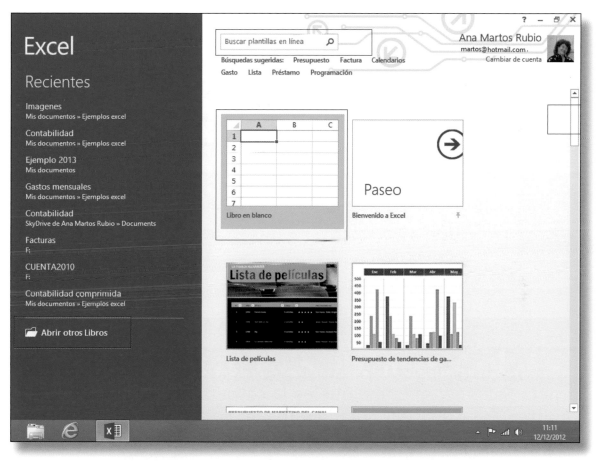

Figura 2.1. Los libros utilizados recientemente aparecen en la opción Reciente.

Para abrir un libro de Excel existente que no aparezca en la lista Recientes, hay que hacer clic en la opción Abrir otros Libros, que está marcada en la figura 2.1. En la ventana Abrir, hay que hacer clic en la opción Equipo y después en Examinar. Con esto se abre el cuadro de diálogo Abrir.

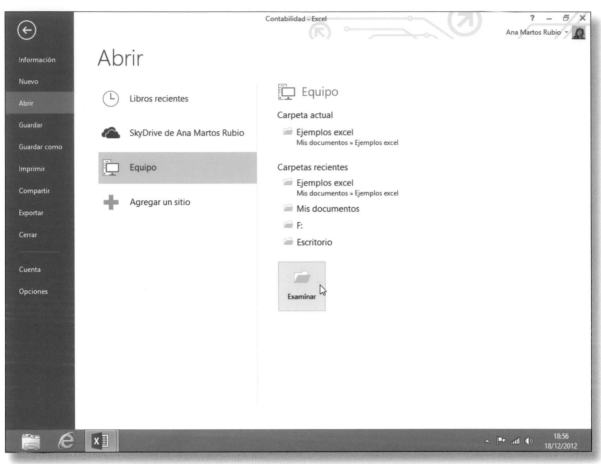

Figura 2.2. La opción Examinar permite localizar un libro de trabajo.

El cuadro de diálogo Abrir mostrará los libros guardados en la carpeta Mis documentos, que es la carpeta predeterminada de Windows para guardar documentos. Si ha guardado el libro en otra carpeta, localícela en la zona izquierda de la ventana. Cuando aparezca el libro en la casilla Nombre de archivo, haga clic en **Abrir** (véase la figura 2.3).

Para cerrar un libro de cálculo, hay que hacer clic en la pestaña Archivo y seleccionar la opción Cerrar en la parte inferior del menú.

Figura 2.3. El cuadro de diálogo Abrir.

Truco: También puede abrir cualquier libro de Excel localizándolo en el Explorador de archivos y haciendo doble clic sobre él.

CREAR UN LIBRO NUEVO

Excel permite crear un libro a partir de un libro en blanco o a partir de una plantilla. Las plantillas de Excel son libros básicos que incluyen formato y texto. Pueden ser útiles para crear un libro, si se ajustan a las necesidades del usuario.

En blanco

Para abrir un libro nuevo en blanco, hay que hacer clic en la opción Libro en blanco, que muestra la figura 2.1.

Si ha abierto previamente un libro de trabajo, haga clic en la pestaña Archivo, seleccione la opción Nuevo en el menú y haga clic en la opción Libro en blanco.

Truco: Agregue el comando Nuevo a la barra de herramientas de acceso rápido, como vimos en el capítulo anterior, y solamente tendrá que hacer clic en ese comando para abrir un libro en blanco.

Desde una plantilla

Para crear un libro a partir de una plantilla, hay que hacer clic en una de las que ofrece Excel al inicio. Haga clic en la barra de desplazamiento vertical para acceder a la parte inferior de la pantalla y ver todas las plantillas disponibles. Si ninguna le resulta válida, haga clic en la lupa de la casilla Buscar plantillas en línea para ver las plantillas de Excel en Internet (véase la figura 2.4). También puede escribir en esta casilla una palabra clave, por ejemplo, contabilidad, informe, gastos.

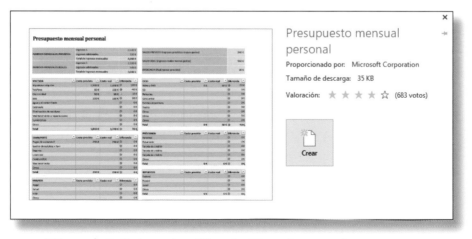

Figura 2.4. La plantilla de Excel para descargar.

Cuando encuentre la plantilla, haga clic en Crear para descargarla. Una vez descargada, rellénela con sus datos y guárdela en una carpeta de su disco duro. Excel la convertirá en un libro de trabajo.

LOS CURSORES Y PUNTEROS DE EXCEL 2013

Excel 2013 utiliza varios cursores y punteros que aparecen en la ventana de trabajo a medida que utilizamos nuevas funciones.

Tabla 2.1. Los cursores de Excel 2013.

El aspecto que tiene	Lo que hace
I	Es el puntero de escribir texto con el que hay que hacer clic para fijar el punto de inserción. Se diferencia del punto de inserción en que puede moverse moviendo el ratón.
|	Es el punto de inserción que parpadea para indicar que se puede empezar a insertar datos. Lo que escriba aparecerá en ese lugar. Se diferencia del puntero de escribir texto en que sólo se mueve haciendo clic en otro sitio o utilizando las teclas del cursor.
✛	Es el cursor en forma de signo + con el que hay que hacer clic para seleccionar una celda y empezar a insertar datos en ella. Es el primer cursor que encontrará al abrir un libro de Excel.
↖	Es el puntero de arrastre con el que hay que hacer clic y arrastrar para trasladar una celda o un objeto a otro lugar de la hoja.
↘	Es el puntero de la función Relleno, con el que puede hacer clic y arrastrar para extender una selección o para copiar el contenido de una celda hacia el lado que desee.

El aspecto que tiene	Lo que hace
	Es el puntero de seleccionar filas con el que se puede seleccionar una fila haciendo clic.
	Es el puntero de seleccionar columnas con el que puede seleccionar una columna haciendo clic.
	Es el puntero de arrastrar bordes de filas.
	Es el puntero de arrastrar bordes de columnas.

SELECCIONAR

Antes de empezar a trabajar, es preciso seleccionar el lugar exacto en el que debe aparecer el resultado del trabajo. El instrumento principal de selección es el punto de inserción. Recuerde que si escribe cualquier número en Excel, el número no aparecerá donde se encuentre el puntero en forma de signo más, sino en la celda en la que se encuentre el punto de inserción.

Seleccionar celdas, filas o columnas es útil para copiarlas, moverlas o eliminarlas. Seleccionar la hoja completa es útil para copiarla o para borrar todo su contenido.

- Para seleccionar una celda, haga clic en ella.

- Para seleccionar un grupo de celdas adyacentes, haga clic en la primera y arrastre el ratón hasta la última sin dejar de presionar el botón. También puede hacer clic en la primera celda, pulsar la tecla **Mayús** y hacer clic en la última sin dejar de presionar la tecla.

- Para seleccionar celdas no adyacentes, pulse la tecla **Control** y haga clic en las celdas que desee seleccionar sin dejar de oprimir **Control**.

- Para seleccionar una fila, acerque el puntero a la cabecera de la fila, donde se encuentra el número que la distingue. Cuando el puntero se convierta en una flecha que apunta a la derecha, haga clic y la fila completa quedará seleccionada.

- Para seleccionar una columna, acerque el puntero a la cabecera de la columna, donde se encuentra la letra que la distingue. Cuando el puntero se convierta en una flecha que apunta abajo, haga clic y la columna completa quedará seleccionada.

- Para seleccionar varias filas o columnas contiguas, haga clic en la cabecera de la primera fila o columna, pulse la tecla **Mayús** y luego haga clic en la última.

- Para seleccionar varias filas o columnas no contiguas, mantenga pulsada la tecla **Control** y haga clic en la cabecera de cada fila o columna a seleccionar.

- Para seleccionar una hoja de cálculo completa, haga clic en la intersección entre las cabeceras de las filas y las cabeceras de las columnas.

- Para quitar una selección, haga clic en cualquier lugar en blanco de la hoja de cálculo.

DESPLAZAMIENTO EN UN LIBRO O EN UNA HOJA DE CÁLCULO

Para desplazarse en un libro de cálculo, simplemente haga clic en la pestaña de la hoja correspondiente.

Si el libro tiene muchas hojas, puede utilizar los botones de navegación situados en el extremo inferior izquierdo de cualquier hoja. Al aproximar el ratón, la información de herramientas le indicará lo que tiene que hacer para desplazarse.

- Para desplazarse a la última hoja, pulse la tecla **Control** y haga clic sobre la flecha que apunta a la derecha.

- Para desplazarse a la primera hoja, pulse la tecla **Control** y haga clic sobre la flecha que apunta a la izquierda.

- Para ver todas las hojas haga clic con el botón derecho del ratón sobre la flecha que apunta a la derecha o a la izquierda.

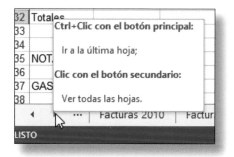

Figura 2.5. El menú de los botones de navegación del libro de cálculo.

Para desplazarse en una hoja de cálculo, simplemente haga clic en la celda a la que desee ir. Si la hoja tiene muchas y filas y columnas, puede utilizar el teclado como recoge la tabla 2.2.

Tabla 2.2. Desplazamiento con el teclado.

Teclas		Desplazamiento a
	Teclas del cursor	Moverse entre celdas adyacentes
7 Inicio	Inicio	Va a la primera celda de la fila
Control 7 Inicio	Control-Inicio	Va a la primera celda de la hoja
Control 1 Fin	Control-Fin	Va a la última celda que tenga la hoja

Teclas		Desplazamiento a
 **3** AvPág	**AvPág**	Avanza una página en la hoja
 **9** RePág	**RePág**	Retrocede una página en la hoja

PRÁCTICA:

Aprenda a desplazarse en una hoja de cálculo:

1. Ponga en marcha Excel haciendo clic en el botón de la barra de tareas o en el mosaico de la pantalla Inicio.

2. Aproxime el ratón a la ventana. Observe que adquiere la forma del signo +.

3. Haga clic en la celda A1. De esta forma, la seleccionará y la convertirá en la celda activa.

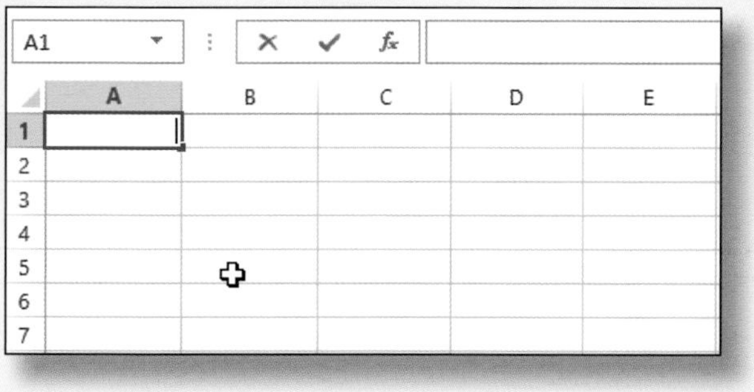

Figura 2.6. La celda activa es la que aparece seleccionada.

4. Pulse la tecla **Flecha abajo** para desplazarse una celda abajo.

5. Pulse la tecla **Flecha dcha**. para desplazarse una celda a la derecha.

6. Pulse las teclas del cursor (las flechas) para desplazarse en la hoja.

7. Pulse la tecla **Inicio** para ir a la primera celda de la fila.

8. Pulse a la vez las teclas **Control** e **Inicio** para ir a la celda A1.

Desplazarse dentro de una celda

PRÁCTICA:

Aprenda a desplazarse en una celda:

1. Escriba una cifra cualquiera en la celda A1, por ejemplo, **34**. Observe que al hacer clic en la celda, aparece el punto de inserción parpadeando en su interior.

2. Pulse la tecla **Flecha izda.** dos veces para desplazar el punto de inserción delante de los dos guarismos. Recuerde que el punto de inserción sólo se mueve haciendo clic o utilizando las teclas del cursor.

3. Mueva el cursor fuera de la celda sin hacer clic. Recuerde que se mueve libremente moviendo el ratón.

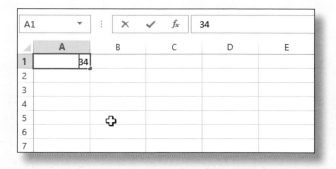

Figura 2.7. El punto de inserción en el interior de la celda y el cursor en el exterior.

4. Pruebe a desplazar el punto de inserción dentro de la celda moviendo las teclas del cursor. Observe que no puede salir de la celda si no es haciendo clic en otra.

Ir directamente a una celda

PRÁCTICA:

Para ir a una celda directamente, escriba la referencia en el Cuadro de nombres. Por ejemplo, escriba **B3** y pulse la tecla **Intro**.

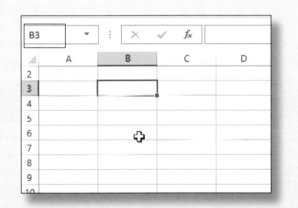

Figura 2.8. Para ir a una celda, escriba la referencia en el Cuadro de nombres.

Las barras de desplazamiento

Otra forma de desplazarse en una hoja de cálculo es utilizar las barras de desplazamiento vertical y horizontal. Observe que cada una de las barras de desplazamiento muestra una flecha en cada uno de sus extremos (véase la figura 2.9). La parte central de la barra es lo que se denomina "botón de desplazamiento".

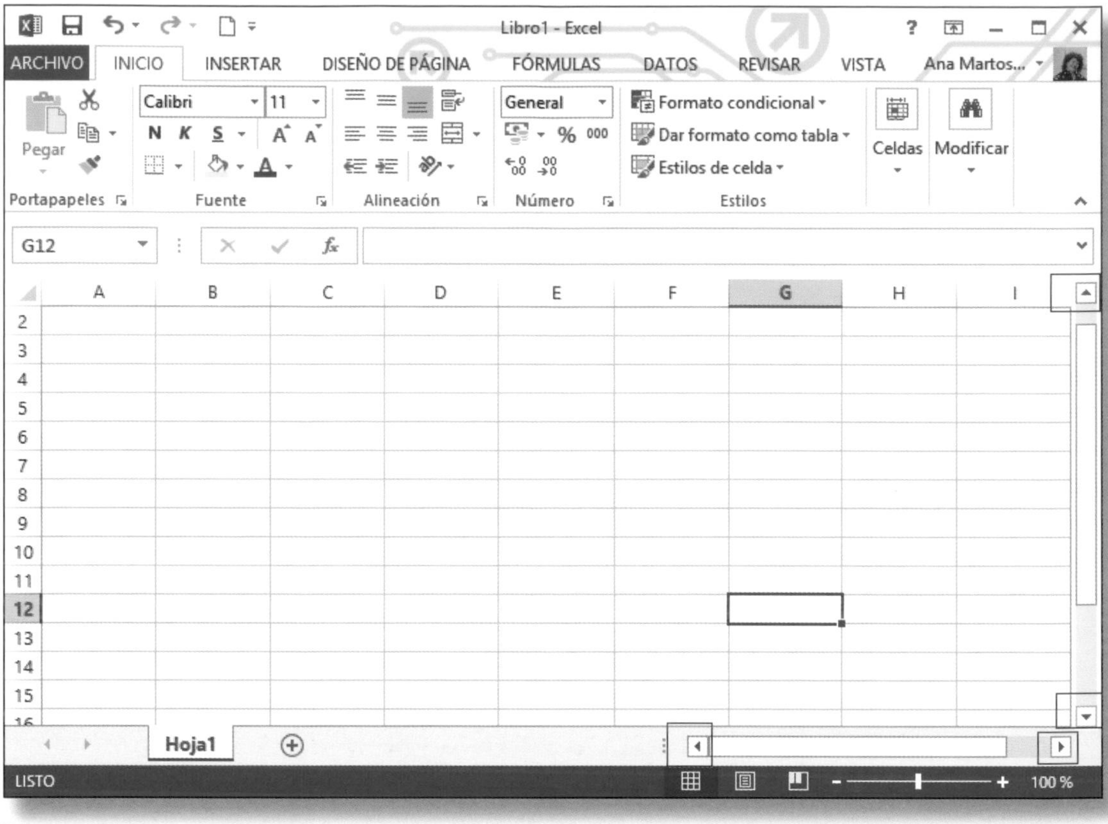

Figura 2.9. Las flechas de desplazamiento en los extremos de las barras.

- Para desplazarse con las barras de desplazamiento, haga clic en el botón de desplazamiento y arrástrelo hacia arriba o hacia abajo.

- Si arrastra el botón de desplazamiento de la barra vertical, verá una etiqueta que indica el número de fila en el que se encuentra.

- Si arrastra el botón de desplazamiento de la barra horizontal, verá una etiqueta que indica el número de columna en el que se encuentra.

Para desplazarse una columna a la derecha o a la izquierda, haga clic en la flecha de desplazamiento correspondiente en la barra horizontal.

INSERTAR Y MODIFICAR DATOS

PRÁCTICA:

Pruebe a desplazarse en la hoja insertando datos al mismo tiempo:

1. Vaya a la celda A1 en la que escribió una cifra. Recuerde que puede utilizar el ratón haciendo clic, el teclado pulsando **Control-Inicio** o el Cuadro de nombres escribiendo la referencia de la celda: A1.

2. Escriba directamente los nuevos datos encima de los existentes. Quedarán reemplazados por los nuevos.

3. Después de escribir una cifra en la celda A1, pulse **Intro**. Escriba una cifra en la celda siguiente y vuelva a pulsar **Intro**. Repita la operación varias veces.

BORRAR DATOS

PRÁCTICA:

1. Borre los datos de una celda haciendo clic en ella para seleccionarla y pulsando la tecla **Supr**.

LAS FÓRMULAS

Excel emplea los signos + para sumar, - para restar, * para multiplicar y / para dividir.

PRÁCTICA:

Pruebe a escribir una fórmula sencilla de suma:

1. Haga clic en una celda y escriba =

2. Escriba **2**.

3. Pulse la tecla **+**.

4. Escriba **5**.

5. Pulse la tecla **Intro**.

6. Observe que la celda muestra el resultado y que la barra de fórmulas muestra la fórmula de la suma.

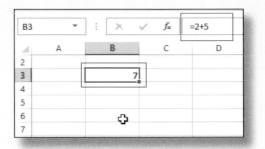

Figura 2.10. El resultado aparece en la celda y la fórmula en la barra de fórmulas.

Recuerde siempre empezar las fórmulas con el signo =

PRÁCTICA:

Pruebe a escribir nuevas fórmulas simples para restar, multiplicar y dividir:

1. Haga clic en una celda y escriba =.

2. Escriba **8**.

3. Pulse la tecla **-**.

4. Escriba **5**.

5. Pulse la tecla **Intro**.

6. Haga clic en otra celda y escriba =.

7. Escriba **4**.

8. Pulse la tecla *.

9. Escriba **5**.

10. Pulse la tecla **Intro**.

11. Haga clic en otra celda y escriba =.

12. Escriba **8**.

13. Pulse la tecla /.

14. Escriba **2**.

15. Pulse la tecla **Intro**.

Operaciones con celdas no adyacentes

Hasta ahora hemos operado con celdas adyacentes, escribiendo la fórmula directamente en la celda. Ahora probaremos a utilizar el ratón para operar con celdas no adyacentes. En lugar de escribir la fórmula con guarismos, la escribiremos con las referencias de las celdas.

PRÁCTICA:

Pruebe a escribir y sumar tres celdas separadas:

1. Haga clic en la celda A8 y escriba **9**.

2. Haga clic en la celda B12 y escriba **7**.

3. Haga clic en la celda E5 y escriba **10**.

4. Haga clic en la celda A1 y escriba el signo = para obtener el resultado.

5. Haga clic en la celda A8 y pulse el signo **+**.

6. Haga clic en la celda B12 y pulse el signo **+**.

7. Haga clic en la celda E5 y pulse **Intro** para finalizar la fórmula.

PRÁCTICA:

Pruebe ahora a modificar los datos.

1. Observe la fórmula en la barra de fórmulas y el resultado en la celda A1.

2. Haga clic en la celda E5 y escriba **6.** El resultado de A1 se modificará automáticamente.

PRÁCTICA:

Si lo desea, practique con celdas no adyacentes utilizando también el signo de la resta.

Insertar texto en una celda

Para insertar texto en una celda, solamente hay que hacer clic y empezar a escribir. Excel alinea el texto a la izquierda y las cifras a la derecha.

PRÁCTICA:

Pruebe a escribir un texto en una celda y observe la barra de fórmulas para ver el resultado. Pulse **Intro** para terminar.

LOS BOTONES DESHACER Y REHACER

La barra de herramientas de acceso rápido ofrece dos botones muy interesantes:

- **Deshacer**. Deshace la última acción ejecutada.
- **Rehacer**. Repite la última acción ejecutada.

PRÁCTICA:

Practique con los botones **Deshacer** y **Rehacer**:

1. Escriba texto y cifras en distintas celdas.
2. Haga clic sobre una celda para seleccionarla.
3. Pulse la tecla **Supr** para borrarla.
4. Haga clic en el botón **Deshacer** de la barra de herramientas de acceso rápido para volver a ver la palabra.
5. Haga clic en el botón **Rehacer** de la barra de herramientas de acceso rápido para volver a borrarla.

Recuerde que estos botones deshacen o rehacen siempre la última acción. Si necesita deshacer una acción que no sea la última, haga clic en la flecha abajo del botón **Deshacer** y observe todas las acciones que ha realizado hasta llegar a la que desea deshacer. Puede deshacerla haciendo clic en ella, pero tenga en cuenta que también se desharán las acciones posteriores. Windows almacena las acciones en una pila y va colocando la última que se realiza encima de todas, en primer lugar.

EL PORTAPAPELES DE EXCEL 2013

Excel 2013 permite copiar un dato o un objeto (un texto o un gráfico) en cualquier lugar de la misma u otra hoja de cálculo, así como eliminarlo de un lugar y situarlo en otro. La diferencia entre los comandos Copiar y Cortar es que el primero mantiene el original intacto, mientras que el segundo lo elimina. Estos comandos se encuentran en el extremo izquierdo de la ficha Inicio. Puede verlos en la figura 2.11.

Windows almacena en un lugar del disco duro llamado Portapapeles el objeto copiado o cortado más recientemente, de manera que luego se puede pegar tantas veces como se desee y en tantos lugares como sea preciso.

PRÁCTICA:

Practique con los botones **Copiar** y **Pegar**:

1. Escriba una fórmula sencilla en una celda, por ejemplo, **=5*4** y pulse **Intro**.
2. Haga clic en la celda para seleccionarla y después haga clic en el botón **Copiar**.
3. Haga clic en otra celda y después haga clic en el comando Pegar.
4. Compruebe que lo que se ha pegado es la fórmula y no el resultado. Haga clic en cada celda para ver el contenido en la barra de fórmulas.

PRÁCTICA:

Practique con los botones **Cortar** y **Pegar**:

1. Escriba una cifra o una fórmula en una celda y pulse **Intro**.

2. Haga clic en la celda para seleccionarla y después haga clic en el botón **Cortar**.

3. Haga clic en otra celda y después haga clic en el comando Pegar. Observe que, a diferencia del ejercicio anterior, el dato ha desaparecido de su lugar de origen y se ha trasladado al de destino.

PRÁCTICA:

Aprenda a utilizar el Portapapeles de Excel:

1. Haga clic en el pequeño botón **Iniciador del cuadro de diálogo** del grupo Portapapeles de la ficha Inicio, para desplegar el panel de tareas Portapapeles. Quedará acoplado a la izquierda de la ventana de Excel.

2. Observe el contenido del panel. Si no está vacío porque contenga datos copiados o pegados anteriormente, haga clic en el botón **Borrar todo**.

3. Haga doble clic en una celda que tenga datos para seleccionarla.

4. Haga clic en el botón **Copiar** del grupo Portapapeles de la ficha Inicio. El dato aparecerá en el Portapapeles.

5. Haga clic y seleccione una celda con una fórmula.

6. Haga clic en el botón **Copiar** del grupo Portapapeles de la ficha Inicio. La fórmula se situará en el Portapapeles encima del dato anterior. Así se va formando la pila.

7. Puede continuar copiando o cortando celdas con cifras, fórmulas o texto para comprobar cómo se van situando encima de los anteriores.

Si copia más de 24 elementos, el primero copiado se eliminará del Portapapeles. La barra de estado irá mostrando información del proceso, como se ve en la figura 2.11.

8. Haga clic en el lugar de la hoja donde desee insertar cualquiera de los contenidos del Portapapeles.

9. Haga clic en el contenido del Portapapeles que desee insertar. Observe que el contenido se copia pero no desaparece del Portapapeles. Puede insertarlo tantas veces como desee.

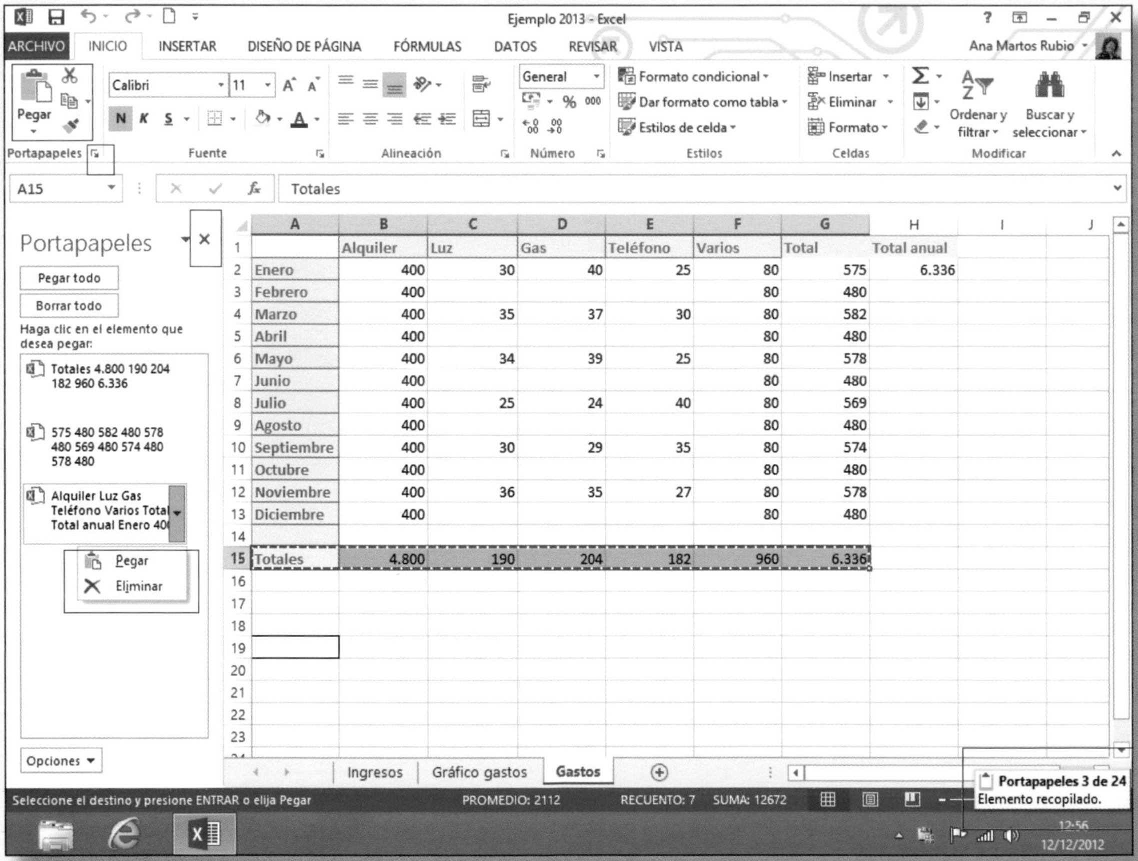

Figura 2.11. El Portapapeles de Excel va colocando al principio el último objeto copiado o cortado.

Para cerrar el panel de tareas Portapapeles, hay que hacer clic en el botón en forma de aspa situado en el extremo superior derecho.

Para eliminar un contenido del Portapapeles, hay que hacer lo siguiente:

PRÁCTICA:

Borre contenidos del Portapapeles:

1. Haga clic en la flecha abajo que aparece junto al contenido al aproximar el ratón.
2. Cuando se despliegue el menú, haga clic en Eliminar.

EL TRABAJO CON LAS HOJAS DE CÁLCULO

Cada hoja de cálculo de Excel contiene numerosas celdas en las que es posible insertar diferentes contenidos.

TIPOS DE CELDAS

Las celdas pueden contener números, fórmulas, textos, fechas, horas, símbolos, imágenes, gráficos, etc. Se puede considerar cada celda como un documento de un procesador de textos, ya que cada una admite prácticamente todos los formatos y opciones que admitiría un documento, por ejemplo, de Word o WordPad.

La fecha y la hora

PRÁCTICA:

Pruebe a insertar la fecha y la hora en una hoja de cálculo:

1. Abra un libro de Excel en blanco. Si ha agregado el comando Nuevo a la barra de acceso rápido, haga clic sobre él. De lo contrario, haga clic en la pestaña Archivo, seleccione la opción Nuevo y después haga clic en Libro en blanco.

2. Haga clic en una celda y pulse a la vez las teclas **Control** y , (coma). Pulse **Intro**.

3. Haga clic en otra celda y pulse a la vez las teclas **Control-Mayús** y **:** (dos puntos). Pulse **Intro**.

En la práctica anterior, Excel ha insertado la fecha y la hora actuales. Probemos a continuación a escribir una fecha y hora distintas a las actuales:

PRÁCTICA:

Inserte una fecha y una hora no actuales:

1. Abra un libro de Excel en blanco.

2. Haga clic en una celda y escriba **25/12/2012**. Pulse **Intro**. Excel reconocerá el formato como el predeterminado para las fechas. La lista desplegable Formato de número del grupo Número de la ficha Inicio indicará **Fecha**.

3. Haga clic en otra celda y escriba **15-5-1996**. Pulse **Intro**. Excel cambiará el formato al predeterminado, es decir, a 15/5/1996. La lista desplegable Formato de número del grupo Número de la ficha Inicio indicará Fecha.

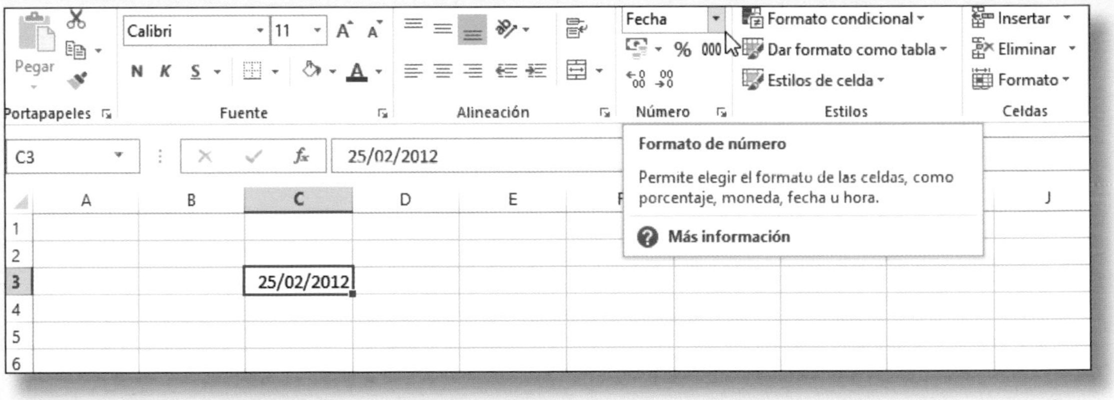

Figura 3.1. La lista Formato de número de la ficha Inicio indica Fecha.

4. Seleccione la celda en que ha escrito 25/12/2012 y haga clic en la lista Formato de número para desplegarla.

5. Haga clic en Fecha larga. Excel la cambiará por: **martes, 25 de diciembre de 2012**.

Formatos numéricos

Como hemos visto con las fechas, los formatos no modifican el dato, sino su expresión. Excel 2013 ofrece distintos formatos numéricos.

PRÁCTICA:

Pruebe algunos formatos numéricos de Excel 2013:

1. Abra un libro de Excel en blanco.
2. Haga clic en una celda y escriba **25543**. Pulse **Intro**.
3. Seleccione la celda y haga clic en la lista Formato de número.
4. Pruebe algunos de los formatos para ver el efecto, por ejemplo, si selecciona Contabilidad, el número quedará formateado con dos posiciones decimales, punto de separación de millares y el símbolo del Euro. Seleccione la opción Más formatos de número.

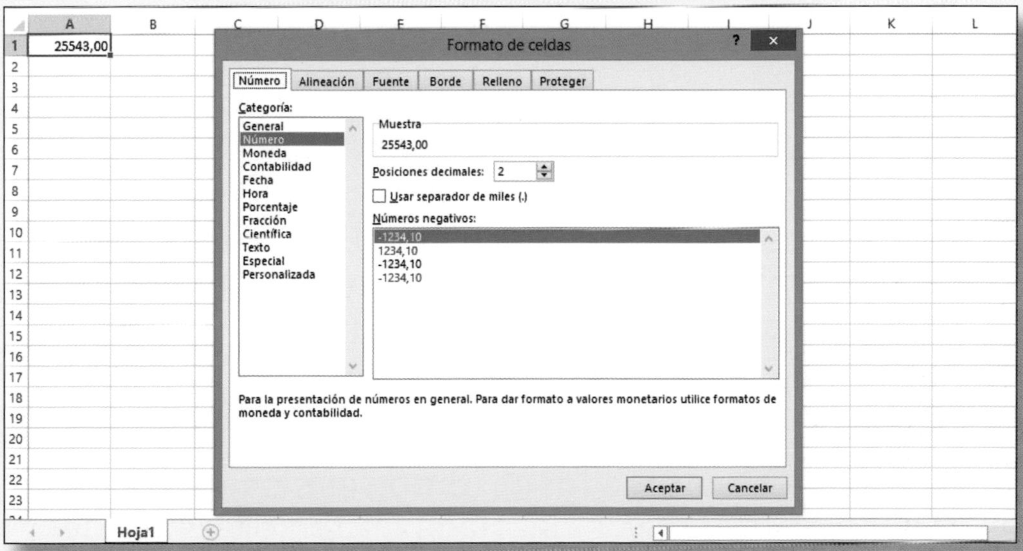

Figura 3.2. El cuadro de diálogo Formato de celdas con los formatos numéricos.

5. En el cuadro de diálogo Formato de celdas, haga clic en Número. Haga clic en la casilla de verificación Usar separador de miles y haga clic en Posiciones decimales si quiere modificar el número de decimales predeterminado, que es de dos. Escriba un número o haga clic en la flecha arriba o abajo para aumentar o disminuir la cantidad de decimales.

6. Cuando termine, haga clic en **Aceptar**.

Formatos de texto

Dado que una celda se puede comparar a un procesador de texto, es posible aplicar cualquier formato o estilo al texto incluido en una de ellas.

PRÁCTICA:

Pruebe algunos estilos de celda de Excel 2013:

1. Abra un libro nuevo de Excel.

2. Haga clic en la celda A1 y escriba **Gastos mensuales**. Pulse **Intro**. Observe que el texto excede el tamaño de la celda pero parece continuar en la siguiente. Sin embargo, si hace clic en la celda B1, podrá observar en la barra de fórmulas que esa celda está en blanco y que todo el texto se encuentra en la A1.

3. Seleccione la celda haciendo clic en ella y después haga clic en el comando Estilos de celda.

4. Aproxime el ratón a los distintos estilos para ver el resultado sobre la celda. Haga clic en un estilo de encabezado o título, por ejemplo, 60% Enfasis1.

El formato se aplicará solamente a la celda en la que escribió el texto. Puede ver que dicho texto no aparece en la barra de fórmulas al hacer clic en la celda B1.

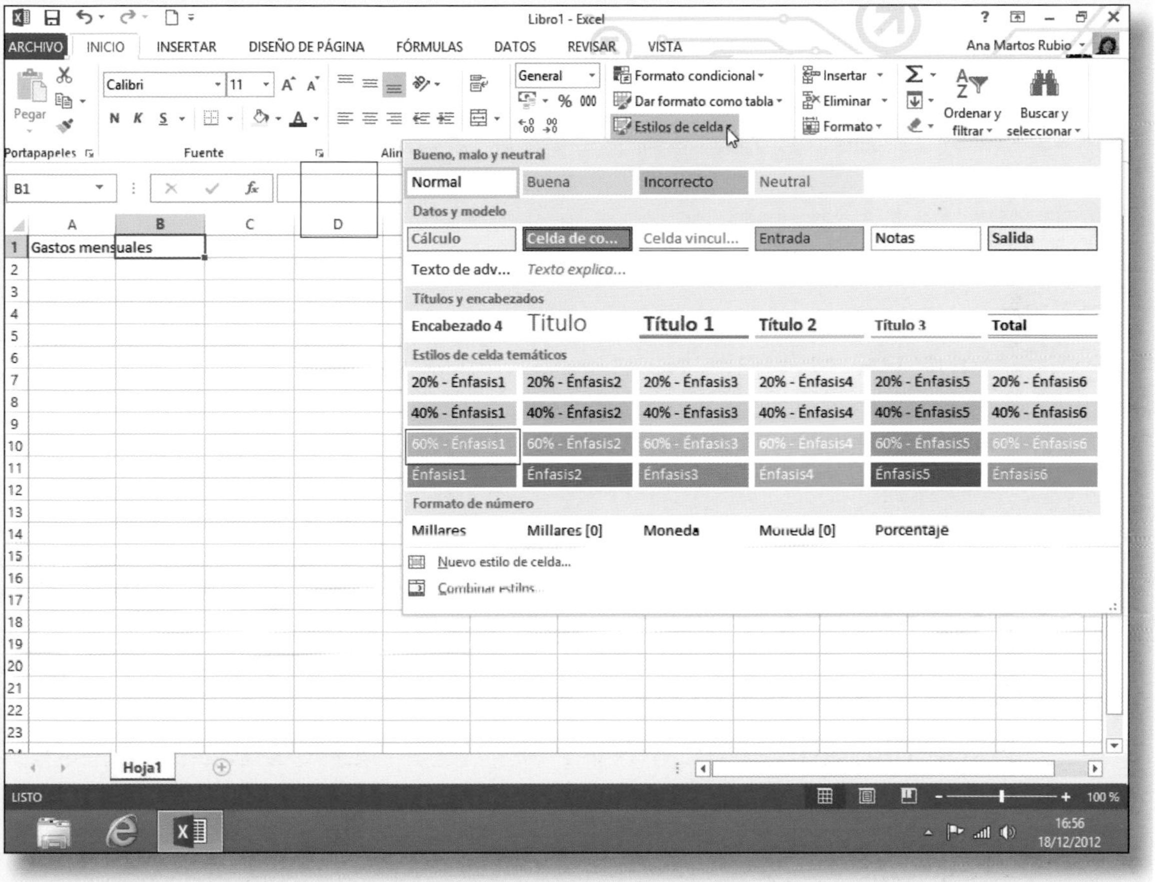

Figura 3.3. Si el texto excede la celda, el formato quedará en la primera.

5. Para ajustar el texto y su formato a la celda A1, haga clic en el botón **Ajustar texto** del grupo Alineación y después en el botón **Centrar** (figura 3.4).

6. También puede modificar la fuente y su tamaño haciendo clic en las listas desplegables Fuente y Tamaño de fuente, en el grupo Fuente, y seleccionando otra fuente y un tamaño mayor o menor.

Figura 3.4. Los botones Ajustar texto y Centrar.

CAMBIAR EL ANCHO DE COLUMNA Y EL ALTO DE FILA

PRÁCTICA:

Pruebe ahora a ensanchar la columna B para dar cabida al texto y a disminuir el alto de la fila.

1. Haga clic en la intersección de las cabeceras de B y C, entre las dos columnas.

2. Cuando el cursor se convierta en una flecha de dos puntas horizontales, arrastre hacia la derecha hasta que quepa el texto. Si sobra espacio, haga clic de nuevo y arrastre hacia la izquierda para disminuir la columna.

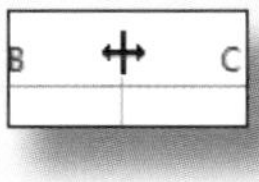

3. Haga clic en la intersección de la cabeceras de 1 y 2, entre las dos filas.

4. Cuando el cursor se convierta en una flecha de dos puntas verticales, arrastre hacia arriba para disminuir la altura de la fila 1 hasta la altura de las restantes filas.

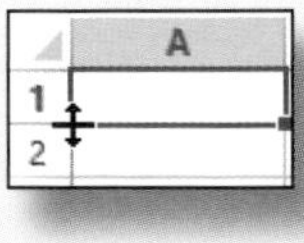

Truco: El comando Formato del grupo Celdas permite ajustar el alto de fila y el ancho de columna de forma automática, con los comandos Autoajustar alto de fila y Autoajustar ancho de columna.

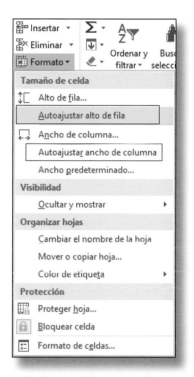

Figura 3.5. El menú Formato para ajustar fila y columna.

INSERTAR CELDAS, FILAS Y COLUMNAS

Para insertar una celda, hay que seleccionar la celda junto a la cual se desea insertarla, hacer clic en el comando Insertar del grupo Celdas y seleccionar Insertar celdas. Hay que tener en cuenta que, al insertar o eliminar una celda, las celdas adyacentes se desplazan junto con sus contenidos.

Al hacer clic en los comandos Insertar o Eliminar del grupo Celdas, aparece un cuadro preguntando hacia dónde deben desplazarse las demás celdas.

PRÁCTICA:

Inserte una columna delante de la que contiene la celda en la que hemos escrito anteriormente **Gastos mensuales**. La necesitamos para los rótulos de los gastos.

1. Seleccione la columna A haciendo clic en el encabezado.

2. Haga clic en el comando Insertar del grupo Celdas y seleccione Insertar columnas de hoja.

3. Aparecerá el botón **Opciones de inserción** con la forma de brocha del botón **Copiar formato** del grupo Portapapeles. Haga clic en la flecha para desplegar el menú y seleccione Borrar formato. Daremos otro formato a los textos de la nueva columna.

Figura 3.6. El botón Opciones de inserción permite copiar o no el formato a la columna insertada.

4. Escriba los textos de los gastos mensuales en las celdas A3 a A7, por ejemplo, **Alquiler**, **Luz**, **Gas**, **Teléfono** y **Varios**. Escriba las cifras correspondientes en las celdas B3 a B7. La fila A2 quedará en blanco.

5. Seleccione las celdas de texto de la columna A, arrastrando el ratón sobre ellas, y aplíqueles un formato de texto, haciendo clic en el comando Formato y seleccionando Formato de celdas.

6. En el cuadro de diálogo Formato de celdas que muestra la figura 3.2, haga clic en la pestaña Fuente para elegir una fuente y un tamaño. Si lo desea, puede elegir un borde y un relleno.

7. Seleccione las celdas numéricas de la columna B y apíqueles un formato de número.

Para insertar una fila, seleccione la fila de debajo, haga clic en el comando Insertar del grupo Celdas y seleccione Insertar filas de hoja. Para insertar varias columnas o varias filas, siga haciendo clic en el comando Insertar columnas de hoja o Insertar filas de hoja.

Copiar formato

El botón **Copiar formato** permite copiar fácilmente un formato de una celda o grupo de celdas a otra u otras.

PRÁCTICA:

Pruebe a copiar el formato de las celdas numéricas al resto de la columna.

1. Haga clic en cualquiera de las celdas que contienen los gastos mensuales con formato de número.

2. Haga clic en el botón **Copiar formato** del grupo Portapapeles.

3. Haga clic con el cursor en forma de brocha en la primera celda en blanco de la columna B y arrastre varias filas hacia abajo para pegar el formato numérico.

4. Pruebe a escribir cualquier cifra en cualquiera de las celdas donde ha pegado el formato para comprobar que queda formateada de la misma manera.

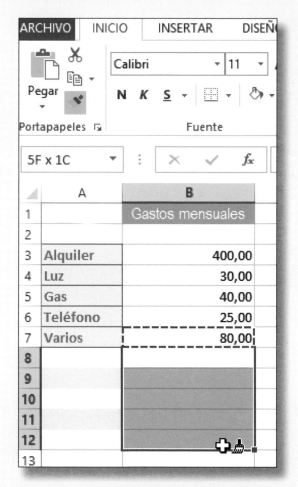

Figura 3.7. Arrastre para copiar el formato numérico a las restantes celdas.

Los rangos de Excel

Un rango es un conjunto de celdas contiguas que se denomina con la referencia de la primera y la última celdas, separadas por dos puntos. Por ejemplo, el rango que abarca las celdas comprendidas entre la A1 y la B7, donde hemos insertado los gastos mensuales, se denomina A1:B7.

PRÁCTICA:

Pruebe a seleccionar un rango de celdas:

1. Haga clic en el Cuadro de nombres y escriba **A1:B7**. Recuerde que también puede seleccionar el rango arrastrando el ratón o utilizando la tecla **Mayús**.

ELIMINAR CONTENIDOS, CELDAS, RANGOS, FILAS Y COLUMNAS

Eliminar una celda, fila o columna no es lo mismo que borrar su contenido. Si elimina el contenido, la celda, fila o columna seguirá en su lugar, aunque en blanco.

- Para eliminar el contenido de una celda, o grupo de celdas, selecciónelas y pulse la tecla **Supr**.

- Para eliminar el contenido de una fila o columna, haga clic con el botón derecho del ratón en la cabecera, donde aparece el número de la fila o la letra de la columna, y seleccione la opción Borrar contenido en el menú contextual.

- Para eliminar una celda o un grupo de celdas, hay que seleccionarlas, hacer clic en el comando Eliminar del grupo Celdas y seleccionar Eliminar celdas, eligiendo la forma en que han de desplazarse la celdas restantes en el cuadro de diálogo Eliminar.

- Para eliminar filas o columnas, hay que seleccionarlas y hacer clic en Eliminar>Eliminar filas de hoja o Eliminar columnas de hoja.

PRÁCTICA:

Pruebe a eliminar una celda:

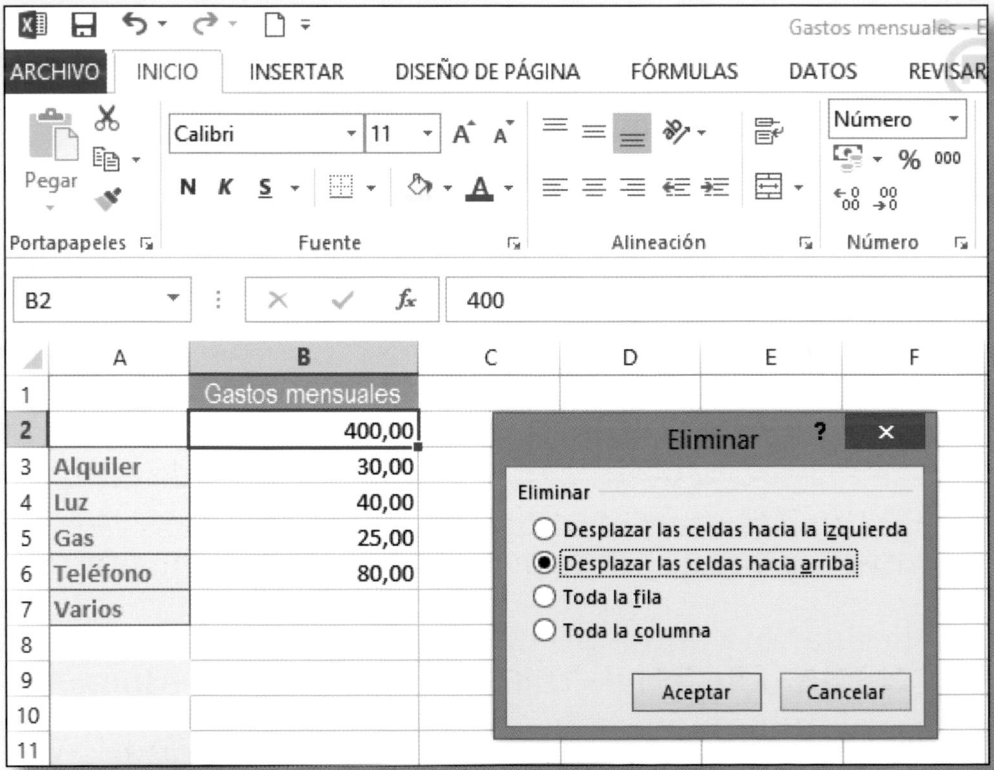

Figura 3.8. Al borrar una celda, las restantes quedan desplazadas.

1. Haga clic en la celda B2 la que, en la figura 3.7 separa el rótulo Gastos mensuales de la primera cifra. Si no tiene esa fila en blanco, pruebe a insertarla.

2. Haga clic en Eliminar y seleccione Eliminar celdas.

3. En el cuadro de diálogo Eliminar celdas seleccione la opción Desplazar las celdas hacia arriba.

4. La hoja quedará con las celdas numéricas desplazadas una celda arriba de las de texto.

5. Haga clic en el botón **Deshacer** de la barra de herramientas de acceso rápido para devolver a las celdas su posición anterior. Vuelva a seleccionar la celda anterior y ahora haga clic en Eliminar y seleccione Eliminar filas de hoja. La fila en blanco desaparecerá completa.

COPIAR, CORTAR Y PEGAR FILAS Y COLUMNAS

Copiar, cortar y pegar filas y columnas es similar a copiar, cortar y pegar celdas como hicimos en el capítulo 2. Hay que seleccionarlas y utilizar los comandos y botones del grupo Portapapeles de la ficha Inicio. El Portapapeles admite igualmente una celda, un grupo de celdas, filas o columnas hasta completar los 24 elementos que es capaz de contener.

Mover celdas, filas y columnas

Mover una celda, fila o una columna equivale a cortarla y pegarla en otro lugar. En ambos casos desaparece el original y aparece en otro sitio.

Truco: También puede utilizar el teclado para copiar, cortar y pegar. Para copiar, pulse a la vez las teclas **Control-C**, para cortar, **Control-X** y, para pegar, **Control-V**.

- Para mover una celda, acerque el ratón hasta que el puntero se convierta en una flecha de cuatro puntas. Haga clic y arrastre la celda al lugar deseado.

- Para mover una fila, haga clic en el encabezado, donde aparece el número. Aproxime el ratón a la intersección con la fila anterior o siguiente y cuando el cursor se convierta en una flecha de cuatro puntas, arrastre hacia arriba o hacia abajo hasta el lugar que desee.

- Para mover una columna, haga clic en el encabezado, donde aparece la letra. Aproxime el ratón a la intersección del encabezado con la primera celda de la columna y cuando el cursor se convierta en una flecha de cuatro puntas, arrastre hacia la derecha o hacia la izquierda hasta el lugar que desee.

AÑADIR HOJAS AL LIBRO

Cada libro de trabajo de Excel contiene una hoja de cálculo y un botón para agregar tantas como sean necesarias.

PRÁCTICA:

Añada hojas de cálculo al libro:

1. Haga clic en el botón **Hoja nueva**. Se encuentra junto a la Hoja 1.

2. Haga clic con el botón derecho del ratón en la Hoja 2 que acaba de crear y seleccione Cambiar nombre en el menú contextual y escriba el nuevo nombre, por ejemplo, Contabilidad.

3. Agregue dos hojas más y cámbieles el nombre, por ejemplo, Ingresos y Gastos.

4. Pruebe ahora a eliminar todas las hojas y dejar solamente la que contiene los datos anteriores de los gastos mensuales. Pulse la tecla **Control** y sin dejar de presionarla haga clic en las hojas a eliminar.

5. Ahora que ha seleccionado las tres hojas, haga clic en la opción Eliminar, del grupo Celdas de la ficha Inicio y seleccione Eliminar hojas en el menú desplegable. Es la misma opción que empleamos para eliminar celdas, filas y columnas.

6. Haga clic en el comando Deshacer de la barra de herramientas de acceso rápido para recuperar las hojas eliminadas.

7. Ahora puede cambiar el nombre de la Hoja 1 que contiene las celdas con los gastos mensuales. Dele el nombre de Gastos mensuales.

Copiar, cortar y pegar hojas de cálculo

El libro de Excel tiene ahora cuatro hojas de cálculo: Gastos mensuales, que contiene datos y tres hojas en blanco: Ingresos, Gastos y Contabilidad.

PRÁCTICA:

Copie, corte y pegue la hoja Gastos mensuales:

1. Haga clic con el botón derecho del ratón en la pestaña Gastos mensuales.

2. Seleccione la opción Mover o copiar en el menú contextual.

3. En el cuadro de diálogo Mover o copiar, haga clic en la lista desplegable Mover hojas seleccionadas al libro y seleccione Nuevo libro. Excel creará un libro nuevo con una hoja llamada Gastos mensuales y todos los contenidos.

4. Haga clic en la casilla de verificación Crear una copia para mantener la hoja que va a copiar. De lo contrario, Excel la moverá al nuevo libro y eliminará la hoja original.

Si no desea crear un libro nuevo, sino copiar o mover la hoja dentro del mismo libro, haga lo siguiente:

1. Seleccione la opción Mover o copiar en el menú contextual de la hoja Gastos mensuales.

2. En el cuadro de diálogo Mover o copiar, compruebe que figura el libro original.

3. En la lista Antes de la hoja, haga clic en el nombre de la hoja delante de la cual quiere copiar o mover Gastos mensuales.

4. Si desea mover la hoja, deje en blanco la casilla Crear una copia. Haga clic en ella para mantener la hoja original y crear una copia en el lugar de destino.

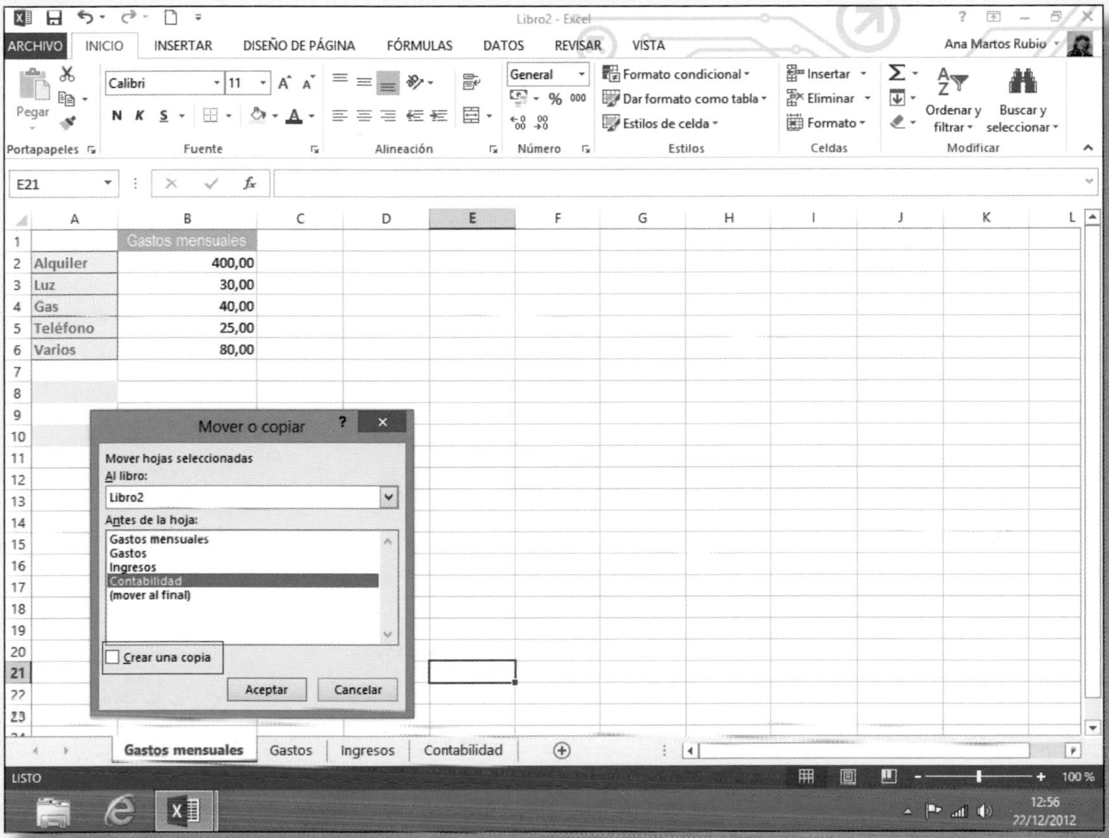

Figura 3.9. El cuadro de diálogo Mover o copiar.

EL TRABAJO CON FÓRMULAS

Las fórmulas son la tarea principal de Excel. En este capítulo aprenderá a trabajar con fórmulas y funciones sencillas. Después podrá experimentar con otras más complejas si lo desea.

LAS FUNCIONES

Las funciones de Excel 2013 se encuentran en el cuadro de diálogo Insertar función al que se accede haciendo clic en el comando Insertar función de la barra de fórmulas. Está marcado en la figura 4.1.

PRÁCTICA:

Aplique la función Suma al ejemplo anterior de los gastos mensuales.

1. Haga clic en la celda A8 y escriba **Total**.
2. Haga clic en la celda B8 para seleccionarla y colocar el total en ella.
3. Haga clic en el botón **Suma** del grupo Modificar de la ficha Inicio. Muestra la letra Sigma y está marcado en la figura 4.1.
4. Pulse la tecla **Intro** para terminar la suma.

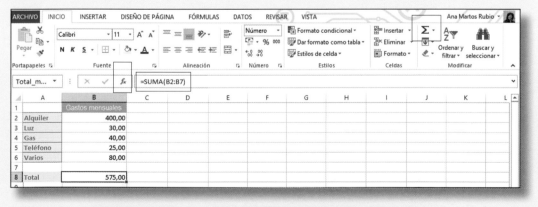

Figura 4.1. La función Suma realiza la suma automática de las celdas numéricas.

CREAR FÓRMULAS

Observe la figura 4.1. La barra de fórmulas muestra la fórmula de la suma que ha creado automáticamente la función Suma. Se compone del signo = que inicia todas las fórmulas y la función Suma seguida de un paréntesis que incluye el rango de celdas a sumar.

PRÁCTICA:

Pruebe a escribir la fórmula de la suma:

1. Haga clic en la celda B8.
2. Escriba el signo = (igual) y después la palabra **suma**.
3. Abra un paréntesis y haga clic en la primera celda a sumar, B2.
4. Escriba : (dos puntos) y haga clic en la última celda a sumar, B6.
5. Cierre el paréntesis y pulse la tecla **Intro**. Obtendrá el mismo resultado que la función Suma de Excel.

PRÁCTICA:

Pruebe a complicar la fórmula anterior, por ejemplo, para calcular los gastos anuales.

1. Haga clic en la celda A10 y escriba el texto, por ejemplo, **Total anual**. Normalmente, Excel aplicará el formato de las celdas de texto anteriores. Si no es así, puede copiarlo como vimos en el capítulo anterior.
2. Haga clic en la celda B10 para crear la nueva fórmula.
3. Escriba el signo = para iniciarla y haga clic en la celda B8 que contiene la fórmula de la suma.

4. Escriba * (asterisco) que es signo de la multiplicación y a continuación escriba el número **12**.

5. Pulse **Intro**. La celda B10 mostrará el total y la barra de fórmulas mostrará la nueva fórmula. El resultado llevará el formato de las celdas numéricas anteriores, con dos decimales y el punto de separación de millares.

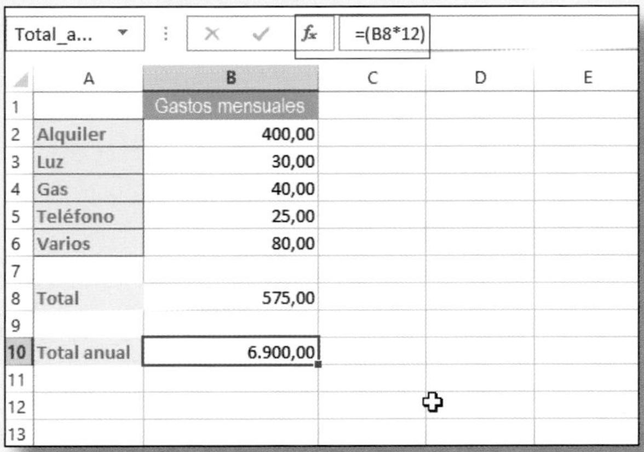

Figura 4.2. La nueva fórmula.

Truco: Si quiere ver la fórmula en la celda que la contiene en lugar de ver el resultado, haga doble clic sobre ella. Pulse la tecla **Esc** para salir.

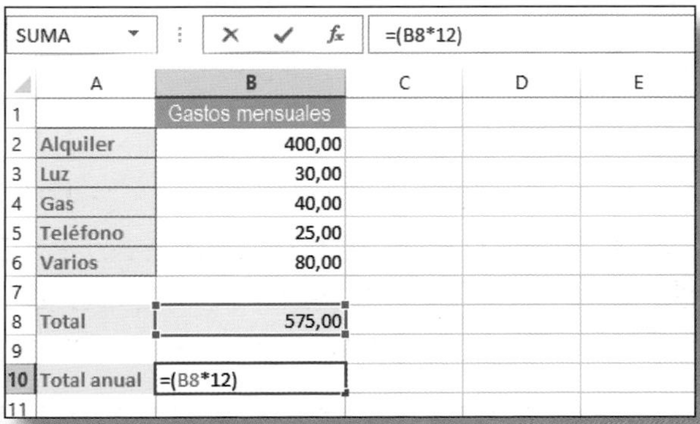

Figura 4.3. Haga doble clic sobre la celda que contiene la fórmula para verla.

El paréntesis

Excel calcula primero todo lo que vaya encerrado entre paréntesis. Si quiere multiplicar, dividir o aplicar una función a una suma o a cualquier otra fórmula, recuerde encerrarla entre paréntesis.

PRÁCTICA:

Pruebe a hallar el IVA de una suma, utilizando las cifras de los gastos mensuales.

1. Haga clic en la celda B2 y arrastre el ratón hasta la celda B6 para seleccionar el rango.

2. Pulse las teclas Control-C.

3. Haga clic en otra celda de la hoja, por ejemplo, D2 y pulse las teclas **Control-V**.

4. Una vez copiadas las cifras, haga clic en la celda que contendrá la fórmula del IVA, por ejemplo, la D8, y escriba **=suma(D2:D6)*21%**.

5. Pulse **Intro**.

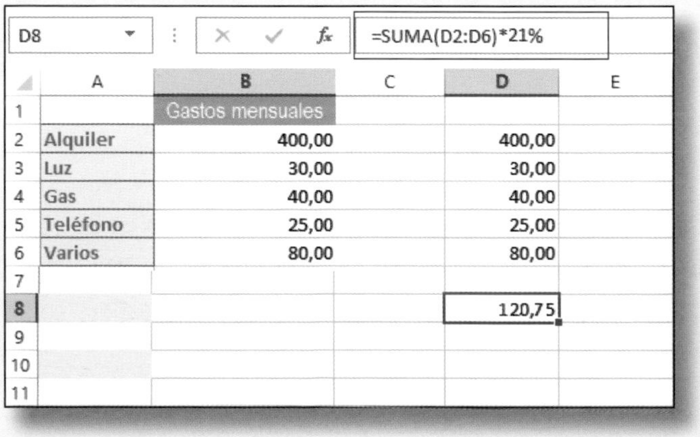

D8	▼	:	✕	✓	*fx*	=SUMA(D2:D6)*21%

◢	A	B	C	D	E
1		Gastos mensuales			
2	Alquiler	400,00		400,00	
3	Luz	30,00		30,00	
4	Gas	40,00		40,00	
5	Teléfono	25,00		25,00	
6	Varios	80,00		80,00	
7					
8				120,75	
9					
10					
11					

Figura 4.4. La barra de fórmulas muestra la fórmula del IVA.

Editar con la barra de fórmulas

La barra de fórmulas muestra siempre la fórmula contenida en la celda activa. Se comporta como un cuadro de texto y permite editar en ella cualquier fórmula.

Para editar una fórmula en la barra de fórmulas, solamente tiene que hacer clic en ella y después utilizar las teclas **Flecha dcha.** y **Flecha izda.** para desplazarse. Puede escribir, borrar y modificar datos.

PRÁCTICA:

Practique la edición con la barra de fórmulas:

1. Haga clic en una celda en blanco y escriba el signo = para iniciar la fórmula.

2. A continuación, escriba **10**, pulse la tecla **+** y seguidamente escriba **4**.

3. Pulse **Intro**. La celda mostrará el resultado de **14** y la barra de fórmulas mostrará **=10+4**.

4. Haga clic en la celda que contiene la suma y luego en la barra de fórmulas.

5. Pulse la tecla **Flecha izda**. una vez. El punto de inserción quedará entre el signo de sumar y el número **4**.

6. Pulse al mismo tiempo la tecla **Mayús** y la tecla **Flecha izda.** El punto de inserción avanzará hacia la izquierda y el signo de la suma quedará seleccionado.

7. Escriba el signo de restar - y pulse **Intro**.

8. Vuelva a seleccionar la celda de la fórmula y la barra de fórmulas.

9. Haga clic delante del número **10** en la barra de fórmulas. Arrastre el ratón para seleccionar los dos dígitos y el signo de restar.

10. Escriba otra cifra, por ejemplo, **8** y otro signo, por ejemplo, **/**.

11. Pulse **Intro**.

PRÁCTICA:

Pruebe a realizar el cálculo de los gastos mensuales en 12 meses utilizando la barra de fórmulas.

1. Haga clic en la celda B8, la que contiene la fórmula de la suma y observe la barra de fórmulas, donde aparece **=SUMA(B2:B7)**. La B7 está en blanco pero Excel la seleccionó para la suma automática.

2. Haga clic en la barra de fórmulas para situar el punto de inserción al final de la fórmula, detrás del cierre de paréntesis.

3. Escriba *12.

4. Pulse **Intro**.

5. Observe la fórmula anterior de la multiplicación, la de la celda B10. Se ha modificado el resultado, ya que hemos cambiado la celda B8. Haga de nuevo clic en la barra de fórmulas para borrar la expresión *12 que ha añadido.

6. Sitúe el punto de inserción al final de la fórmula y pulse tres veces la tecla **Retroceso** para borrar los tres últimos caracteres.

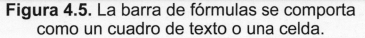

| Total_m... ▼ | | × | ✓ | *fx* | =SUMA(B2:B7)*12% |

◢	A	B	C	D	E	F	G
1		Gastos mensuales					
2	Alquiler	400,00					
3	Luz	30,00					
4	Gas	40,00					
5	Teléfono	25,00					
6	Varios	80,00					
7							
8	Total	=SUMA(B2:B7)*12%					
9							
10	Total anual	6.900,00					
11							
12							
13							

Figura 4.5. La barra de fórmulas se comporta
como un cuadro de texto o una celda.

Truco: Cuando esté modificando una
fórmula y quiera descartar los cam-
bios, pulse la tecla **Esc** o haga clic en el botón
Cancelar del cuadro Insertar función. Muestra
un aspa y solamente aparece cuando se edita
una fórmula. Si quiere volver atrás cuando haya
finalizado los cambios, utilice el botón **Deshacer** de la barra
de herramientas de acceso rápido. Recuerde que el botón
Rehacer rehace lo deshecho.

LOS NOMBRES

Denominar una celda o un rango facilita mucho el trabajo
porque se pueden crear fórmulas utilizando el nombre en lugar
de las referencias de las celdas o los rangos.

PRÁCTICA:

Pruebe a dar nombre a las cifras y fórmulas de los gastos mensuales.

1. Seleccione las cifras de los gastos haciendo clic en B2 y arrastrando hasta B6.

2. Haga clic en la pestaña Fórmulas y después en el comando Asignar nombre, en el grupo Nombres definidos. Véalo en la figura 4.6.

3. En el cuadro de diálogo Nombre nuevo observe el nombre que ha asignado Excel al rango. Si lo desea, puede cambiarlo escribiendo encima.

4. Haga clic en **Aceptar**. El nuevo nombre aparecerá en el Cuadro de nombres.

5. Haga clic en la celda B8 que contiene la fórmula de la suma.

6. Haga clic en Asignar nombre y escriba el nombre **Total_mensual** en el cuadro de diálogo Nombre nuevo. Recuerde que los nombres compuestos deben ir unidos por guión bajo.

7. Haga clic en **Aceptar**.

8. Repita la operación con la celda B10 con el nombre **Total_anual**.

Si es preciso, también puede modificar o eliminar el nombre de una celda o rango:

• Para eliminar un nombre hay que hacer clic en el comando Administrador de nombres, en el grupo Nombres definidos de la ficha Fórmulas. En el cuadro de diálogo Administrador de nombres, hay que hacer clic en el nombre a borrar y después en el botón **Eliminar**.

- Para modificar un nombre, hay que seleccionarlo en el cuadro de diálogo Administrador de nombres y hacer clic en el botón **Editar**. En el cuadro de diálogo Editar nombre, hay que escribir el nuevo nombre encima del actual.

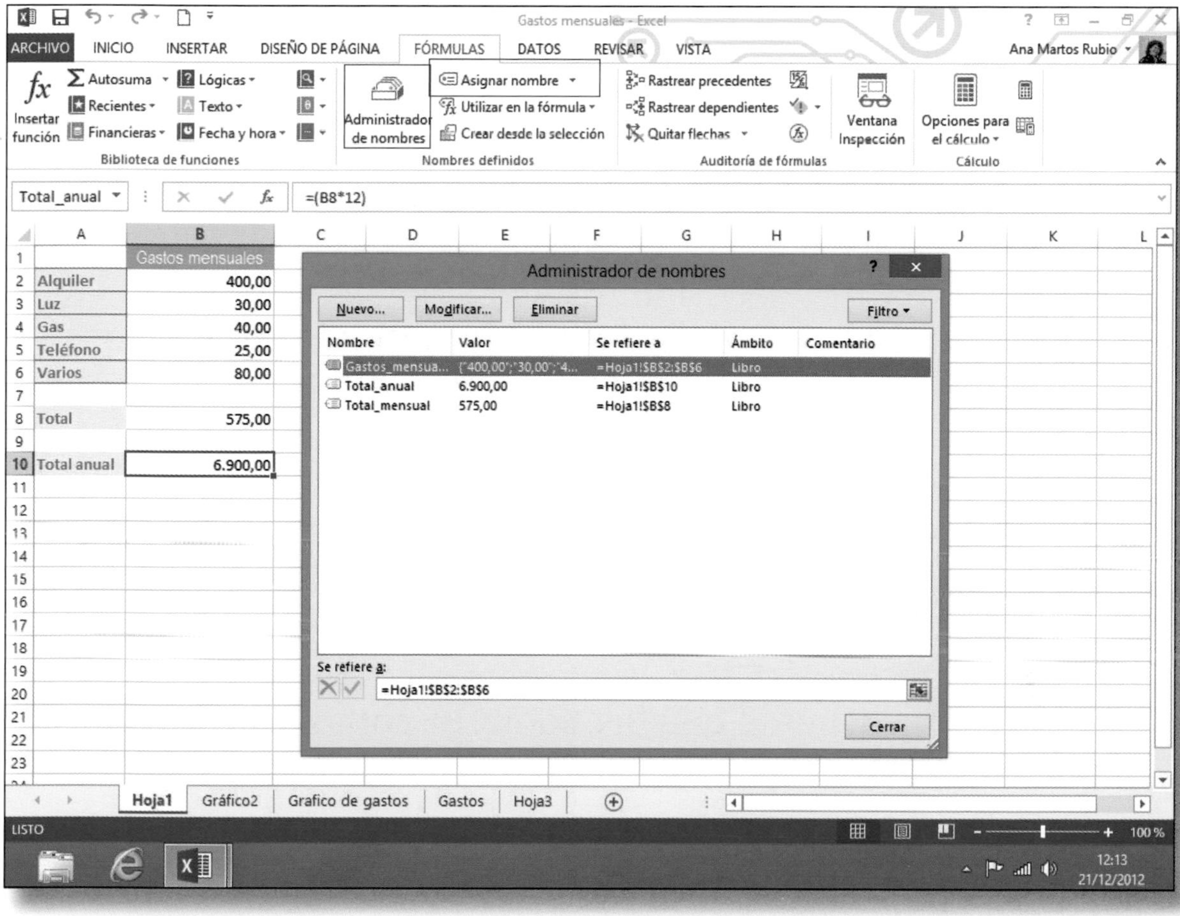

Figura 4.6. El cuadro de diálogo Administrador de nombres.

El comando Ir a

El comando Ir a es útil para localizar una fórmula, rango o posición en una hoja de cálculo larga y compleja.

PRÁCTICA:

Aprenda a utilizar el comando Ir a.

1. Haga clic en el botón **Hoja nueva** del libro de trabajo, para crear otra hoja del libro en blanco.

2. Suponga que su libro está repleto de hojas y éstas de cifras y fórmulas. Vaya a la ficha Inicio, haga clic en el comando Buscar y reemplazar del grupo Modificar y seleccione Ir a en el menú desplegable.

3. Observe el cuadro de diálogo Ir a. Muestra todos los nombres asignados en el libro de trabajo. Haga clic en el nombre al que quiera ir, por ejemplo, Total_ mensual. Haga clic en **Aceptar**.

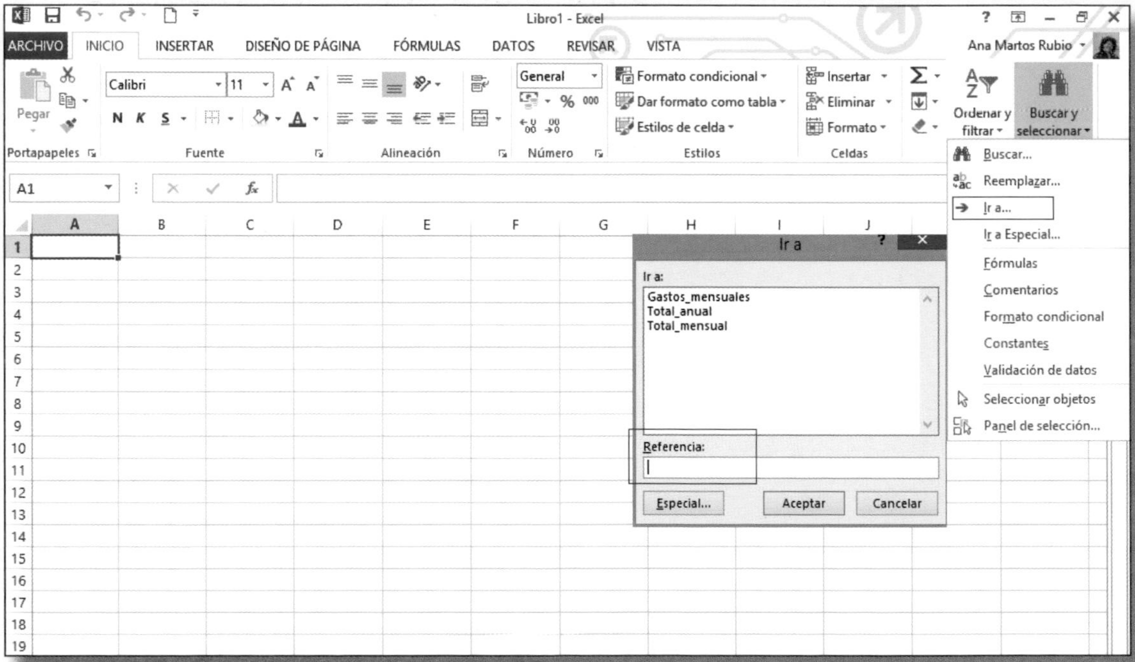

Figura 4.7. El cuadro de diálogo Ir a permite acceder rápidamente a una celda o rango.

4. Para ir a una celda o rango sin denominar, escriba la referencia en la casilla Referencia y haga clic en **Aceptar**.

Crear fórmulas con nombres

Una vez asignados los nombres, es más fácil operar con los datos desde cualquier lugar de la hoja o del libro.

PRÁCTICA:

Copie una celda utilizando el nombre:

1. Haga clic en cualquier celda en blanco de la Hoja 2 que acabamos de crear.

2. Escriba el signo = y a continuación el nombre de la celda, **total_anual**.

3. Pulse **Intro**. Obtendrá el resultado en la celda de destino, pero la barra de fórmulas no mostrará la fórmula, sino el nombre con el signo =. Es la nueva fórmula. Tampoco obtendrá el formato de la celda copiada.

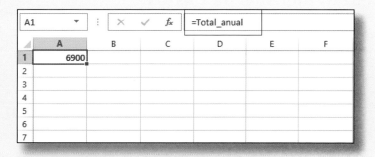

Figura 4.8. La barra de fórmulas muestra el nombre con el signo =.

Observe la figura 4.8. La nueva fórmula incluye un nombre y opera con el resultado de ese nombre. Si modifica la celda de origen, B10, se modificará la celda copiada.

PRÁCTICA:

Pruebe a modificar la fórmula de la celda B8:

1. Haga clic en la celda B8 de la Hoja 1 para seleccionarla y después haga clic en la barra de fórmulas.

2. Escriba el signo de la división / (barra) seguido del número **2** a continuación de la fórmula

3. Pulse **Intro**. La división de la celda B8 habrá modificado el resultado de la B10 y, con ello, se habrá modificado la celda que copió utilizando su nombre en la Hoja 2.

PRÁCTICA:

Cree una fórmula empleando nombres. Suponga que quiere conocer el porcentaje que representa el alquiler sobre el total mensual de gastos.

1. Haga clic en la celda C2 y escriba el signo =.

2. Haga clic en la celda B2 que contiene la cifra de alquiler.

3. Escriba el signo de dividir / y a continuación **total_mensual**.

4. Pulse **Intro**. La barra de fórmulas mostrará **=B2/Total_mensual**.

5. Haga clic en la celda C2 que contiene el porcentaje y aplíquele el formato porcentual haciendo clic en el botón **Estilo porcentual** del grupo Número de la ficha Inicio.

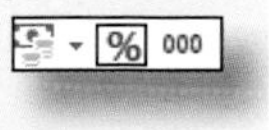

COPIAR, CORTAR Y PEGAR FÓRMULAS

Al copiar, cortar y pegar fórmulas, Excel utiliza las referencias relativas de las celdas, es decir, la posición relativa de la celda que contiene la fórmula respecto a la celda a la que se refiere. Por eso, al cambiar la posición de la celda que contiene la fórmula, la referencia se modifica. Al copiar celdas, filas o columnas, la referencia se ajusta automáticamente.

PRÁCTICA:

Copie celdas con fórmulas, para hallar el porcentaje que representa el gasto de luz sobre el total mensual.

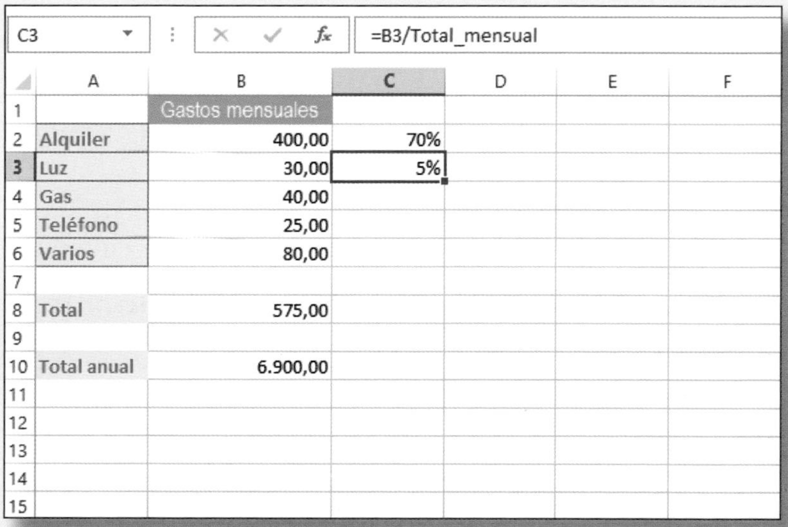

	A	B	C	D	E	F
1		Gastos mensuales				
2	Alquiler	400,00	70%			
3	Luz	30,00	5%			
4	Gas	40,00				
5	Teléfono	25,00				
6	Varios	80,00				
7						
8	Total	575,00				
9						
10	Total anual	6.900,00				
11						
12						
13						
14						
15						

C3 f_x =B3/Total_mensual

Figura 4.9. Excel utiliza referencias relativas para copiar fórmulas.

1. Haga clic en la celda C2 que contiene la fórmula **=B2/Total_mensual**.

2. Haga clic en el comando **Copiar** o pulse **Control-C**.

3. Haga clic en la celda C3 y pulse **Control-V** o haga clic en Pegar.

Observe que la barra de fórmulas muestra **=B3/Total_mensual**. Excel ha empleado la referencia relativa, no la absoluta. Si hubiera utilizado la referencia absoluta, la fórmula sería **=B2/Total_mensual**, que es la fórmula que ha copiado. El resultado sería el mismo que el anterior y no habría arrojado el porcentaje del gasto de luz, sino nuevamente el de alquiler.

Copiar fórmulas con el controlador de relleno

PRÁCTICA:

Pruebe ahora a copiar la fórmula a las restantes celdas para obtener los porcentajes de los demás gastos.

1. Haga clic en la celda C3 y obsérvela. En la esquina inferior izquierda tiene un pequeño cuadrado. Es el controlador de relleno. Aproxime el ratón y el cursor se convertirá en un signo más **+**.

2. Haga clic y arrastre hacia abajo el ratón con el cursor en forma de signo **+** hasta la celda C6. Excel copiará la fórmula adecuando la referencia a cada caso. Así, la celda C6 contendrá la fórmula **=B6/Total_mensual**.

3. Al terminar de copiar, podrá ver el botón **Opciones de autorrelleno**. Haga clic en él para desplegar el menú que muestra la figura 4.10.

4. Si ha formateado la primera celda como porcentaje, podrá elegir copiar o no el formato.

| C3 | ▼ | : | × | ✓ | fx | =B3/Total_mensual |

▲	A	B	C	D	E	F	G
1		Gastos mensuales					
2	Alquiler	400,00	70%				
3	Luz	30,00	5%				
4	Gas	40,00	7%				
5	Teléfono	25,00	4%				
6	Varios	80,00	14%				
7							
8	Total	575,00					
9							
10	Total anual	6.900,00					
11							
12							
13							
14							
15							
16							

- ◉ Copiar celdas
- ○ Rellenar formatos solo
- ○ Rellenar sin formato
- ○ Relleno rápido

Figura 4.10. El controlador de relleno permite copiar celdas, fórmulas y formatos.

Truco: Si tiene que copiar una fórmula, puede elegir entre utilizar los comandos **Copiar** y **Pegar** o, si lo prefiere, arrastrar el controlador de relleno hacia la derecha o hacia la izquierda. Excel aplicará las referencias relativas de la misma forma.

Cortar y pegar fórmulas

Para cortar y pegar una fórmula, seleccione la celda que la contiene y haga clic en el botón **Cortar** o pulse **Control-X**. Después haga clic en la celda de destino y pulse **Control-V**. El resultado será igual a copiar y pegar, con el empleo de referencias relativas, pero la fórmula original desaparecerá.

Copiar series con la función Autorrelleno

El controlador de relleno permite también copiar series de texto, rellenando automáticamente las celdas a partir de un modelo. Si el modelo es, por ejemplo, enero, la función Autorrelleno llenará las celdas siguientes con febrero, marzo, etc.

PRÁCTICA:

Utilice la función Autorrelleno para llenar una serie de días de la semana:

1. Escriba **lunes** en cualquier celda y acerque el ratón al controlador de relleno.

2. Haga clic y arrastre hacia la derecha. Las celdas se irán rellenando con los nombres de los siguientes días de la semana. Después del domingo, se iniciará de nuevo la secuencia.

Las opciones de pegado y el pegado especial

PRÁCTICA:

Pruebe a copiar datos de la Hoja 1 a la Hoja 2 del libro:

1. Seleccione el rango A2:B10, haciendo clic en A2 y arrastrando hasta B10.

2. Haga clic en el botón **Copiar** o pulse **Control-C**.

3. Haga clic en la pestaña Hoja 2 para seleccionarla y haga clic en una celda para pegar los datos.

4. Haga clic en la flecha abajo del comando Pegar para desplegar el menú que aparece en la figura 4.11.

Acerque el ratón a cada una de las opciones para ver el resultado. Haga clic en Formato de valores y origen, en el grupo Pegar valores. Esta opción está marcada en la figura 4.11.

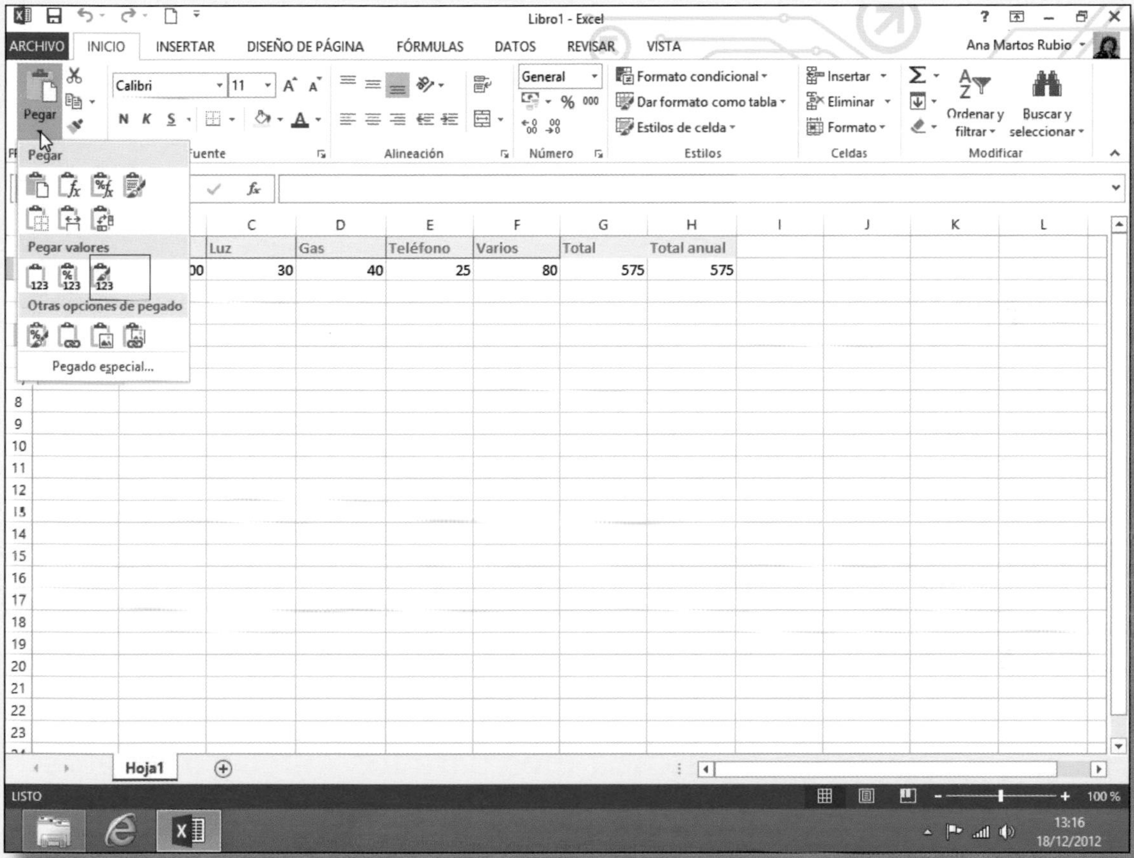

Figura 4.11. Las opciones de pegado muestran el resultado en la hoja.

PRÁCTICA:

Termine los datos de la nueva hoja de cálculo. Como hemos copiado los datos al principio de la hoja, tendremos que insertar una columna en blanco a la izquierda para las celdas de texto.

1. Haga clic en la celda A1 y seleccione el comando Insertar y a continuación Columnas de hoja.

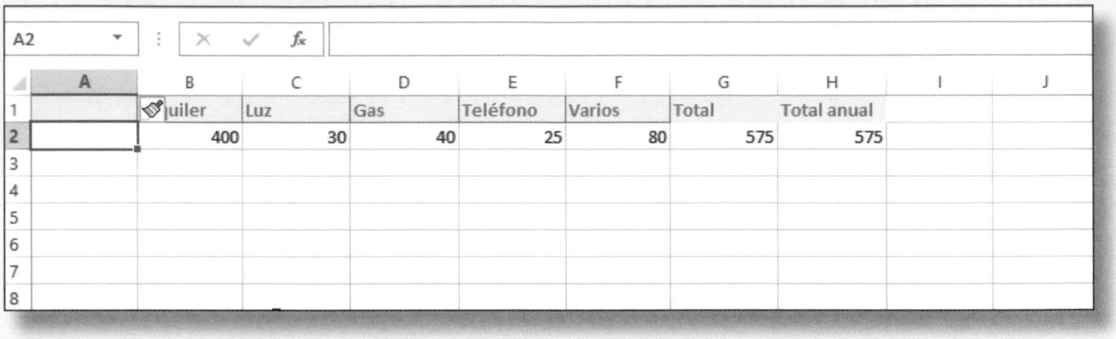

A2											
	A	B	C	D	E	F	G	H	I	J	
1		uiler	Luz	Gas	Teléfono	Varios	Total	Total anual			
2			400	30	40	25	80	575	575		
3											
4											
5											
6											
7											
8											

Figura 4.12. Hay que insertar una columna
a la izquierda para los títulos de las filas.

2. Haga clic en la celda A2 y escriba **Enero**. Supongamos que las cifras de gastos corresponden al mes de enero.

3. Arrastre el controlador de relleno hacia abajo hasta completar los 12 meses. Observe que la información de herramientas le irá mostrando los meses a medida que arrastra.

4. Escriba cifras para cada mes para los cinco conceptos. Como el concepto **Alquiler** no varía, puede copiarlo con el controlador de relleno. Los conceptos **Luz**, **Gas** y **Teléfono** pueden ser bimensuales.

5. Haga clic en la suma mensual y arrastre la fórmula hasta el final.

6. Escriba **Totales** en la fila A15 y haga clic en la celda B15 para la suma.

7. Escriba la fórmula **=suma(B2:B13)**.

8. Arrastre la fórmula de la suma hacia la derecha hasta la celda H15.

9. El resultado de H15 (G15 será igual a 0 porque no hemos puesto cifras) es el total anual. Haga clic en la celda J2 que muestra el total anual antiguo (los gastos de un mes multiplicados por doce) y escriba = y haga clic en H15 para copiar el resultado correcto.

PRÁCTICA:

A continuación, copie el formato de texto a las celdas que contienen los nombres de los meses.

1. Haga clic en la celda B1 que contiene la etiqueta **Alquiler**.

2. Haga clic en el botón **Copiar** y después haga clic en la celda A2 que contiene la etiqueta **Enero**.

3. Haga clic en la flecha abajo del comando Pegar para desplegar el menú y seleccione Pegado especial. Es la última opción del menú.

4. En el cuadro de diálogo Pegado especial haga clic en el botón de opción Formatos, en el grupo Pegar y haga clic en **Aceptar**.

5. Una vez copiado el formato a la celda A2, haga clic y arrastre hasta el final. Haga clic en el botón **Opciones de autorrelleno** y seleccione la opción Formatos solo. De esta forma, el formato se copiará hasta la celda que indica **Totales**. Si no selecciona está opción, Excel creará los meses enero y febrero a continuación de diciembre, al entender que es una serie.

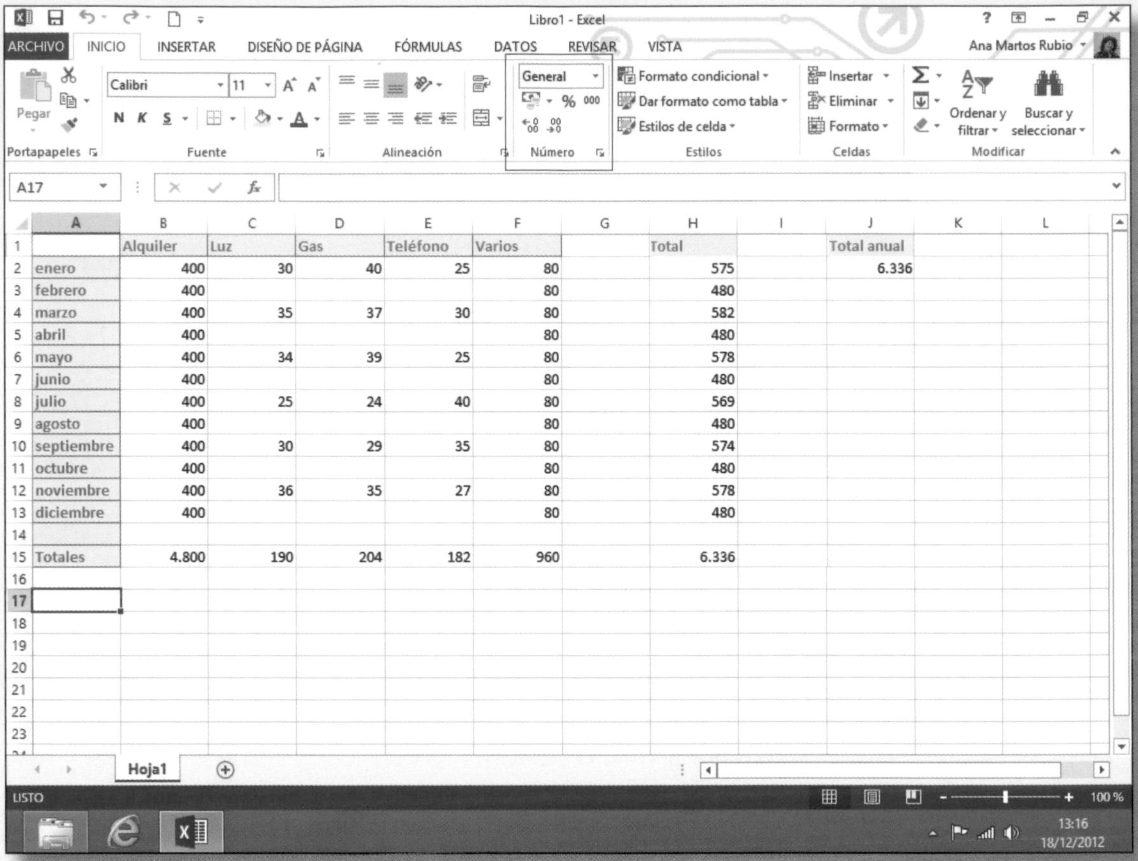

Figura 4.13. Así debe quedar la hoja después de quitar los decimales.

PRÁCTICA:

Para no operar con decimales, modifique el formato en la nueva hoja de cálculo:

1. Haga clic en la intersección de las cabeceras de celdas y columnas para seleccionar toda la hoja. Está señalada en la figura 4.14.

2. Haga clic con el botón derecho del ratón en cualquier lugar de la selección y, en el menú contextual que se abre, haga clic en la opción Formato de celdas.

3. En el cuadro de diálogo Formato de celdas, haga clic en la pestaña Número si no aparece abierta. Seleccione la opción Número en la lista Categoría.

4. Haga clic en la casilla Usar separador de miles para mantener el punto de los millares.

5. Haga clic en la casilla Posiciones decimales y, si hay un dos escrito, escriba un cero encima. También puede hacer clic en la flecha abajo para disminuir las posiciones decimales de 2 a 0.

6. Haga clic en Aceptar. Las cifras quedarán formateadas como muestra la figura 4.14.

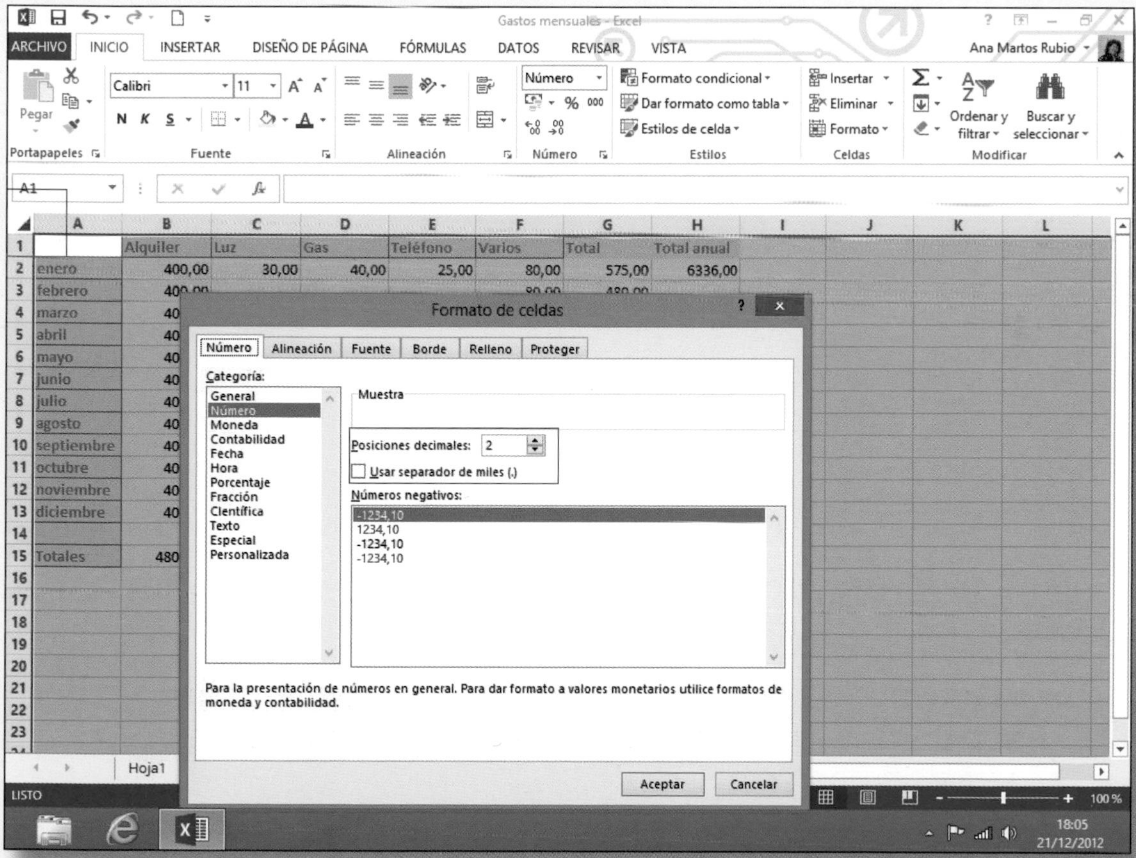

Figura 4.14. El cuadro Formato de celdas con las opciones para controlar los decimales y el punto de separación de millares.

5

EL TRABAJO CON LIBROS DE EXCEL

GUARDAR UN LIBRO DE TRABAJO

Antes de crear un nuevo libro, guardaremos el que hemos utilizado en las prácticas anteriores. La primera vez que guarde un libro, Excel presentará el cuadro de diálogo Guardar como para que elija un nombre y una ubicación. Si no le indica otra cosa, lo guardará en la carpeta Mis documentos con el nombre Libro1.xlsx.

La siguiente vez que guarde el libro, haga clic en el botón **Guardar** de la barra de herramientas de  acceso rápido. Excel lo guardará con el nombre que tenga y en el lugar en que lo haya guardado anteriormente. Si quiere guardarlo con otro nombre o en otra carpeta, haga clic en la pestaña Archivo y seleccione Guardar como en el menú.

PRÁCTICA:

Guarde el libro que contiene los gastos mensuales:

1. Haga clic en la pestaña Archivo y seleccione Guardar como en el menú.

2. Haga clic en la opción Equipo y luego en Examinar.

3. En el cuadro de diálogo Guardar como, escriba Gastos mensuales en la casilla Nombre de archivo. Excel lo guardará en Mis documentos.

   • Si desea cambiar la carpeta, localícela en la zona de la izquierda y haga clic sobre ella. El botón del cuadro Guardar como mostrará la opción **Abrir**, lo que indica que debe abrir la carpeta de destino para guardar el libro.

4. Haga clic en **Guardar**.

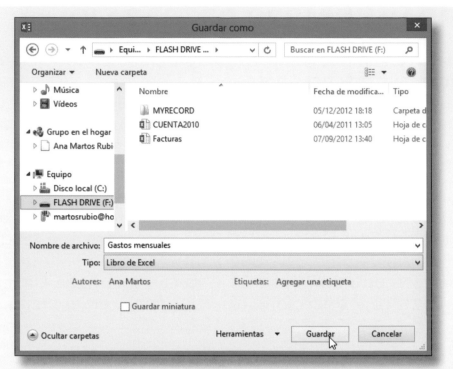

Figura 5.1 El cuadro de diálogo Guardar como y sus opciones.

La compatibilidad

Si abre un libro guardado con una versión anterior de Excel, por ejemplo, Excel 2003, Excel 2013 lo abrirá en modo de compatibilidad, lo que podrá ver en la barra de título.

Si se trata de un libro pequeño y simple, lo más probable es que no tenga problema alguno, pero si es grande y complejo, dado que las versiones anteriores de Excel trabajaban con menos filas y columnas que la nueva versión, es probable que encuentre alguna dificultad.

En tal caso, haga clic en la pestaña Archivo y después en la opción Convertir de la ficha Información de la vista Backstage. Esta opción solamente aparece cuando hay un libro en una versión antigua.

Esto convertirá el libro de Excel 2003 en libro de Excel 2013. Entonces podrá trabajar sin problemas. Si quiere asegurarse, haga clic en la opción Comprobar si hay problemas, situada más abajo que Convertir.

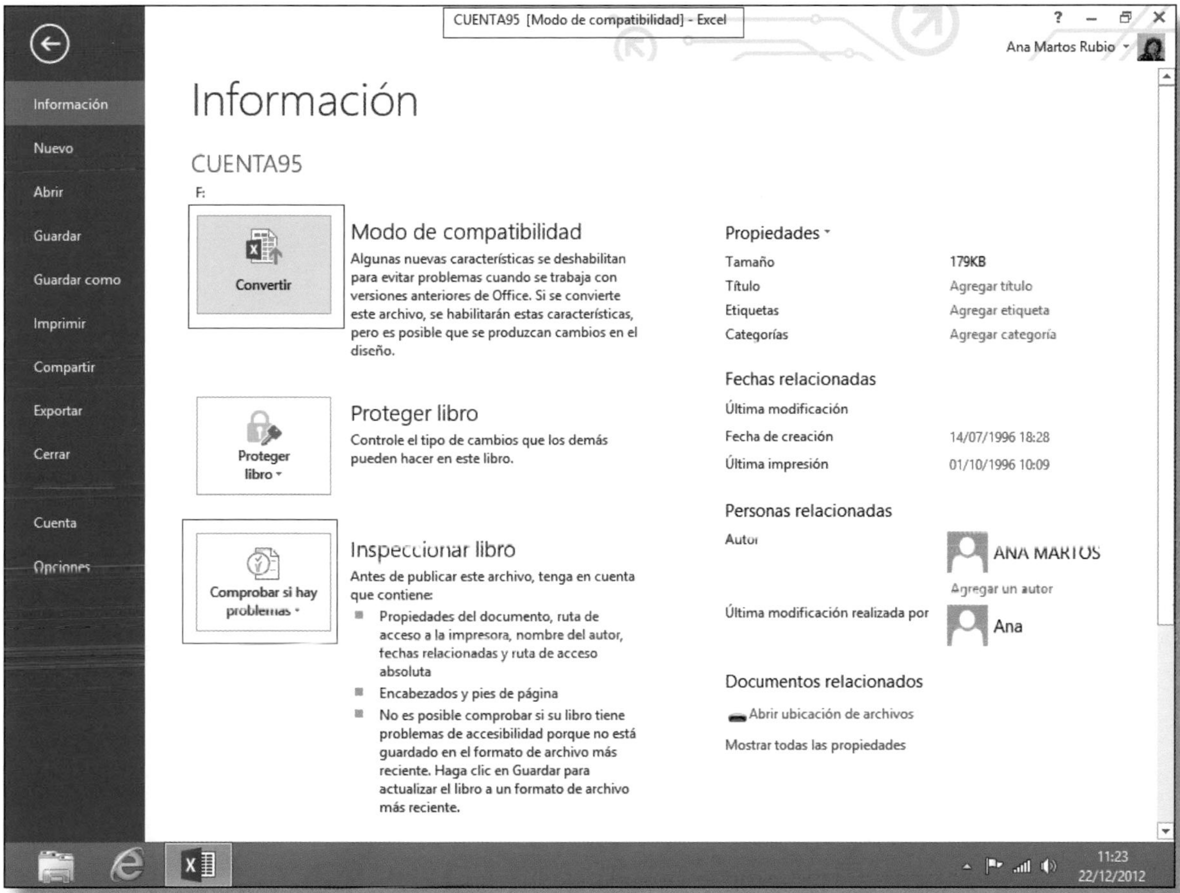

Figura 5.2 La ficha Información muestra opciones para la compatibilidad del libro.

Cuando lo guarde, Excel lo hará en la nueva versión, pero si desea guardarlo en la antigua, por ejemplo, porque debe abrirlo una persona que no disponga de Excel 2013, haga clic en la pestaña Archivo y seleccione Guardar como. En el cuadro de diálogo Guardar como, haga clic en la lista desplegable de la casilla Tipo y seleccione Libro de Excel 97-2003.

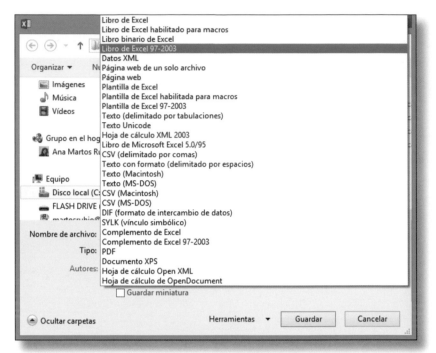

Figura 5.3 La opción Tipo permite guardar el libro en una versión antigua.

 **Truco:** Para modificar el tipo de archivo, por ejemplo, para que pueda 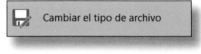 abrirlo una persona que utilice otro programa u otra versión de este mismo programa, también puede seleccionar la opción Exportar del menú Archivo. Haga clic en Cambiar el tipo de archivo y seleccione la opción necesaria en la lista de la derecha.

Recuperar un libro no guardado

Si ha trabajado con un libro y ha cerrado Excel sin haberlo guardado, por ejemplo, por un corte de luz o un conflicto, Excel guardará la versión no guardada del libro y se lo presentará en el panel de tareas cuando se ponga en marcha. Si es un libro que ha modificado sin llegar a guardar los cambios, podrá encontrarlo en la ficha Recientes de la vista Backstage.

Haga clic en él y el cuadro de diálogo Abrir le mostrará el libro no guardado en la carpeta UnsavedFiles. Cuando lo abra, Excel le indicará que se trata de un libro recuperado y le mostrará la opción Guardar como para que haga clic y lo guarde en su carpeta habitual o en Mis documentos.

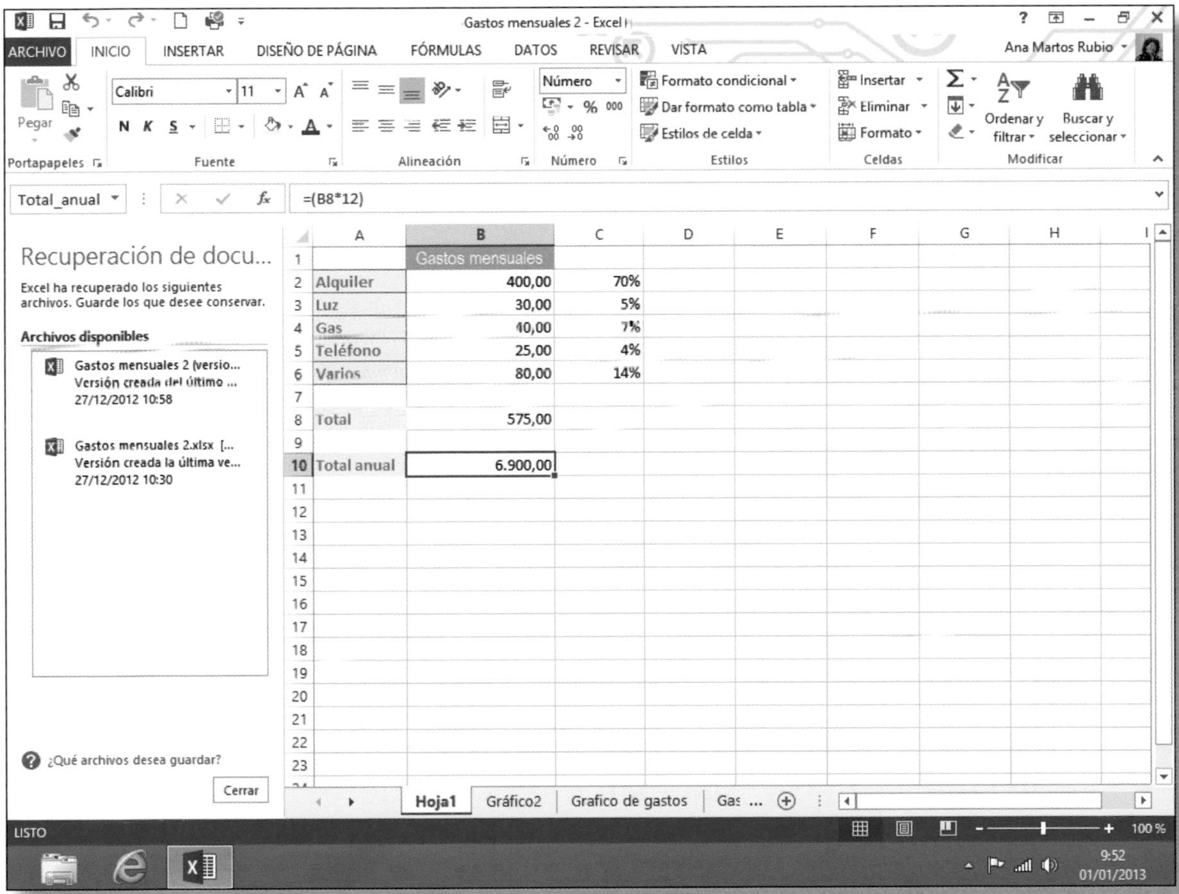

Figura 5.4 Si Excel se cierra sin guardar un libro de trabajo, lo presenta en cuanto se pone en funcionamiento.

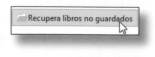

Truco: Para ver y recuperar los libros que no haya guardado, haga clic en la pestaña Archivo y seleccione Abrir en el menú. En la ventana Abrir, haga clic en la opción Recuperar libros no guardados.

Nota: No olvide que para volver al libro de cálculo desde el menú Archivo de la vista Backstage, hay que hacer clic en la flecha que apunta a la izquierda, en la parte superior del menú.

IMPRIMIR UNA HOJA DE CÁLCULO

Imprimir una hoja de cálculo es una tarea fácil, pero requiere algunos preliminares.

El área de trabajo y el área de impresión

Hay que distinguir entre el área de trabajo y el área de impresión. El área de trabajo es la zona de la ventana de Excel en la que se escriben y manejan datos y objetos. El área de impresión es la que Excel va a imprimir en una página. Las filas y/o columnas que excedan el área de impresión pasarán a la página siguiente. La ventana de Excel muestra tres botones en la barra de estado. Para comprobar el área de impresión que Excel va a aplicar al libro, haga clic en el botón **Vista previa de salto de página**. Es el último.

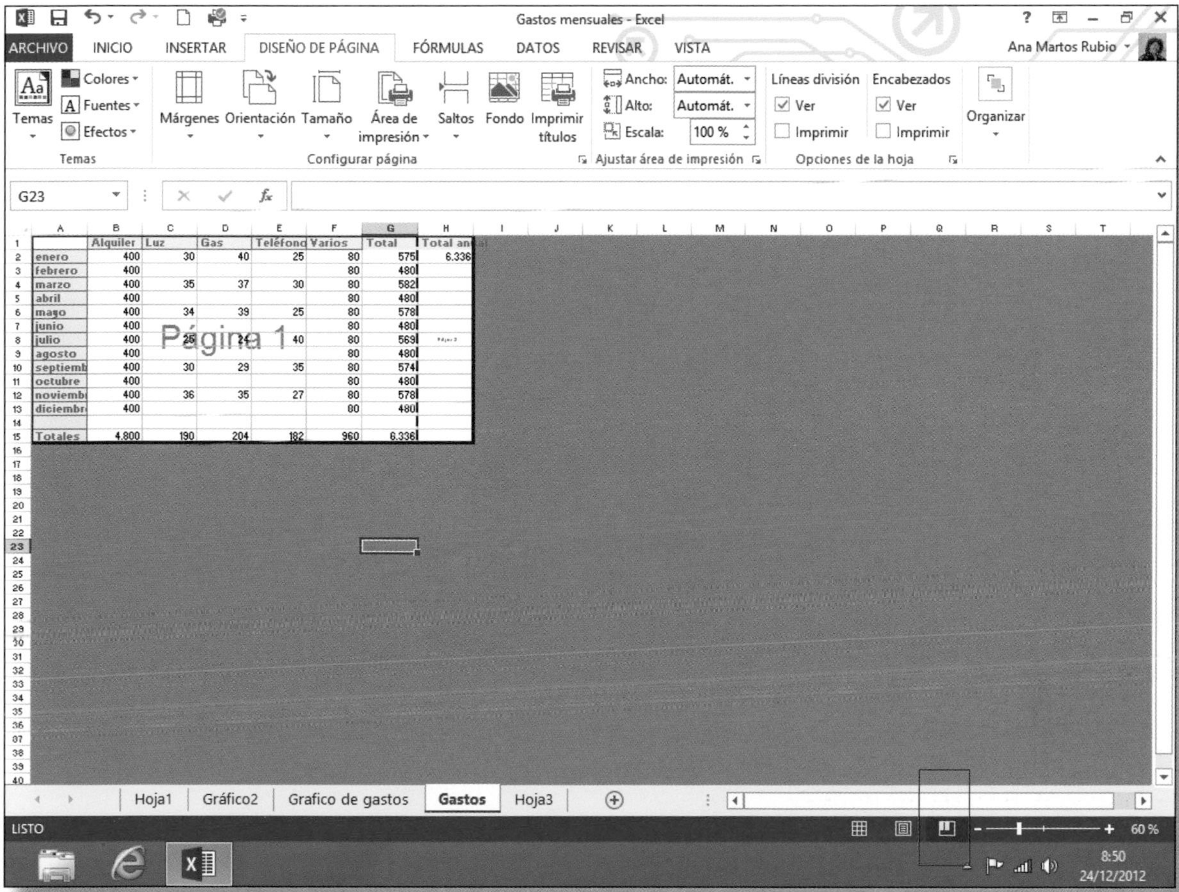

Figura 5.5. La Vista previa de salto de página muestra que la hoja no cabe completa.

El área de impresión

La Vista previa de salto de página que aparece anteriormente en la figura 5.5 pone de manifiesto que el contenido de la hoja de cálculo no cabe en el área de impresión disponible y Excel va a partirla en dos. La columna de totales aparecerá en la segunda página.

PRÁCTICA:

Controle el área de impresión.

1. Haga clic en la ficha Diseño de página.

2. Haga clic en la primera celda del rango que quiere imprimir y arrastre el ratón hasta la última.

3. Haga clic a continuación sobre la opción Área de impresión y después en Establecer área de impresión.

4. De esta manera, Excel marcará como área de impresión el rango de celdas seleccionado. También puede borrar el área de impresión actual antes de establecer una nueva, haciendo clic en la opción siguiente del menú.

5. Compruebe el resultado: haga clic en el botón **Normal** de la barra de estado. El área de impresión aparece como una línea discontinua, como muestra la figura 5.6a.

B	C	D	E	F	G	H
Alquiler	Luz	Gas	Teléfono	Varios	Total	Total anual
400	30	40	25	80	575	6.336
400				80	480	
400	35	37	30	80	582	
400				80	480	
400	34	39	25	80	578	
400				80	480	
400	25	24	40	80	569	
400				80	480	
400	30	29	35	80	574	
400				80	480	
400	36	35	27	80	578	
400				80	480	
4.800	190	204	182	960	6.336	

Figura 5.6a. El área de impresión en vista Normal es una línea discontinua.

6. Ahora haga clic en el botón **Diseño de página**. El área de impresión aparecerá en una sola página o en dos, si el contenido sigue sin caber (figura 5.6b).

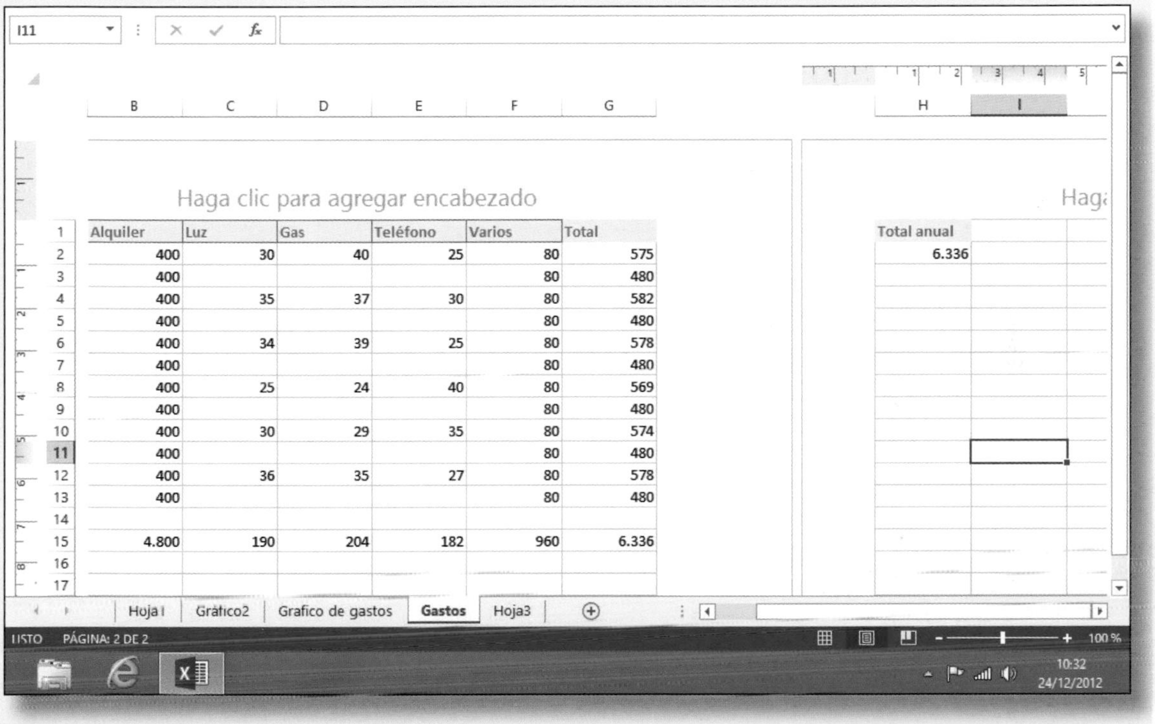

Figura 5.6b. En vista Diseño de página, la hoja aparece dividida en dos.

También puede utilizar los comandos del grupo Ajustar área de impresión de la ficha Diseño de página.

La Vista previa de impresión

PRÁCTICA:

Aprenda a utilizar la Vista previa de impresión.

1. Haga clic en la pestaña Archivo y seleccione la opción Imprimir.

2. Observe la vista previa del libro que ilustra la figura. Así es como se va a imprimir. Pero la ficha Imprimir ofrece numerosas opciones para configurar la hoja de cálculo.

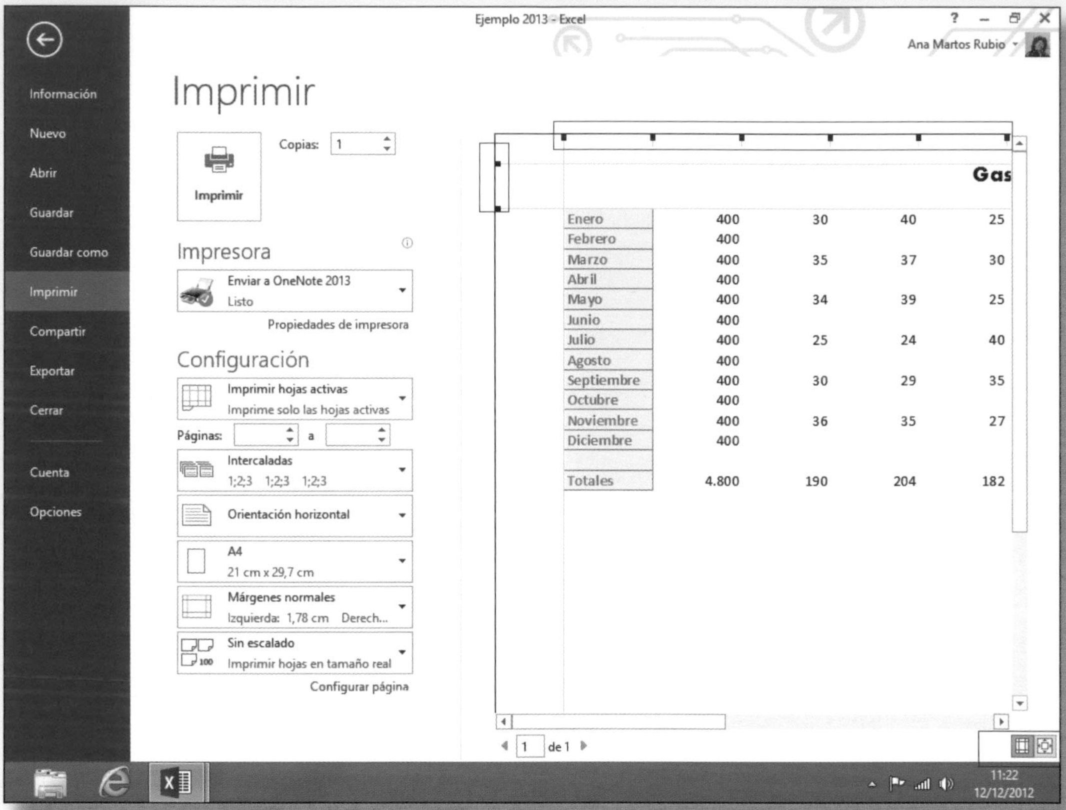

Figura 5.7. La vista previa de impresión. Así se imprimirá la hoja.

3. Pruebe a hacer clic en la lista desplegable Orientación vertical y seleccione Orientación horizontal. En este caso, la hoja se imprimirá completa.

4. Para imprimir el libro completo, haga clic en la lista desplegable Imprimir hojas activas y seleccione Imprimir todo el libro.

5. El tamaño predeterminado del papel es A4, pero puede modificarlo haciendo clic en la opción situada bajo la orientación.

6. Compruebe que todos los parámetros son correctos, como la impresora, el número de copias, etc. y haga clic en **Imprimir**.

Los márgenes

La vista previa de impresión muestra los márgenes predeterminados que Excel ha marcado para la hoja de cálculo. Observe los dos pequeños botones que muestra la ventana Imprimir en la esquina inferior derecha. El botón situado a la izquierda muestra los márgenes en la vista previa de impresión. Si necesita modificarlos, puede hacer clic en uno de los controladores de tamaño situados en los bordes de la hoja y arrastrar para cambiar el tamaño del margen. El botón situado a la derecha del anterior muestra la hoja de cálculo en pantalla completa, como puede ver en la figura 5.7. Así es como se va a imprimir. Si lo desea, también puede modificar los márgenes de la hoja haciendo clic en la opción Márgenes del grupo Configurar página de la ficha Diseño de página. Esta opción contiene asimismo el comando Saltos para añadir o quitar saltos de página y obligar a Excel a ajustar más la impresión.

Truco: Si la hoja de cálculo tiene muchas filas, no podrá imprimirla completa con la opción Orientación horizontal porque no cabrá en la hoja de papel. Al visualizarla en modo Vista previa de salto de página, verá que Excel la divide en dos páginas. Pruebe a seleccionar la opción Orientación vertical en las opciones de Configuración de la ventana Imprimir. Haga clic en el botón **Vista previa de salto de página** de la barra de estado, para ver si la página incluye todas las filas y columnas, sin partirlas.

6

EL TRABAJO
CON GRÁFICOS

Crear gráficos con Excel es un trabajo fácil, entretenido y gratificante.

LOS GRÁFICOS DE EXCEL 2013

Excel no solamente permite crear hojas de cálculo, sino también hojas de datos y hojas de gráficos. Los comandos relacionados con los gráficos de Excel se encuentran en el grupo Gráficos de la ficha Insertar.

Figura 6.1. El grupo Gráficos de la ficha Insertar contiene los comandos para crear y gestionar gráficos.

CREAR UN GRÁFICO

Para crear un gráfico con Excel hay que tener en cuenta lo siguiente:

a. Origen de datos. Son los datos que utilizará Excel para generar el gráfico. Es conveniente situarlos de manera que formen un rectángulo, es decir, que se puedan seleccionar trazando un rectángulo con el ratón. De esta manera, la selección es más cómoda y segura.

b. Tipo de gráfico. El cuadro de diálogo Insertar gráfico contiene todos los gráficos de Excel 2013. Se accede a él haciendo clic en el botón **Iniciador del cuadro de diálogo** del grupo Gráficos. La nueva función Gráfico recomendado ofrece los gráficos que Excel considera más adecuados para el tipo de datos de la hoja de cálculo. Se obtiene al seleccionar los datos y hacer clic en esta opción.

c. Herramientas de gráficos. La ficha Herramientas de gráficos que aparece al crear un gráfico contiene dos pestañas con todos los comandos necesarios para modificar, formatear y retocar el gráfico: Diseño y Formato. Puede verlas en la figura 6.2.

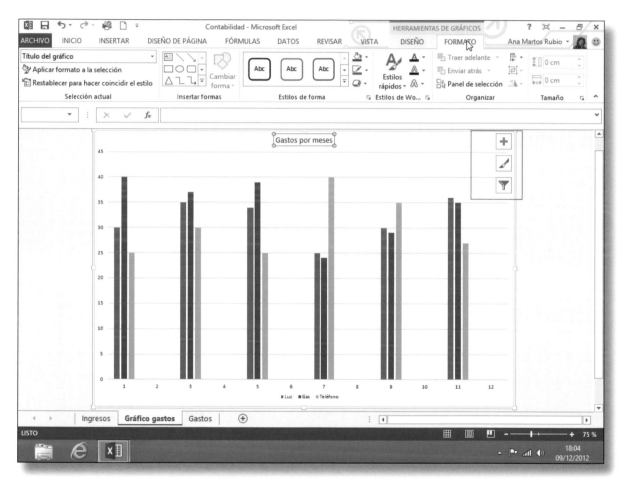

Figura 6.2. Las Herramientas de gráficos con todos los comandos para mejorar el gráfico.

d. Ubicación del gráfico. Los gráficos creados con Excel se incrustan en la hoja que contiene los datos, pero se pueden trasladar a una hoja de gráfico separada de la hoja de datos o de cálculo, donde se pueden manipular con mayor facilidad, como muestra la figura 6.2.

Creación de un gráfico recomendado

Para aprender a utilizar los gráficos de Excel 2013 crearemos uno muy sencillo con los datos del ejemplo que hemos venido utilizando en los capítulos anteriores.

En un gráfico no podemos incluir los totales junto con los datos parciales porque el resultado daría diferencias enormes. Tampoco merece la pena incluir los alquileres ni los varios porque hemos puesto siempre la misma cifra. Lo mejor será representar la evolución de los gastos de luz, gas y teléfono a lo largo del año. Si lo desea, pruebe después a crear, por separado, un gráfico circular para los totales mensuales.

PRÁCTICA:

Vamos a crear un gráfico recomendado:

	A	B	C	D	E	F	G	H	I
			C1		Luz				
		Alquiler	Luz	Gas	Teléfono	Varios	Total	Total anual	
2	Enero	400	30	40	25	80	575	6.336	
3	Febrero	400				80	480		
4	Marzo	400	35	37	30	80	582		
5	Abril	400				80	480		
6	Mayo	400	34	39	25	80	578		
7	Junio	400				80	480		
8	Julio	400	25	24	40	80	569		
9	Agosto	400				80	480		
10	Septiembre	400	30	29	35	80	574		
11	Octubre	400				80	480		
12	Noviembre	400	36	35	27	80	578		
13	Diciembre	400				80	480		
14									
15	Totales	4.800	190	204	182	960	6.336		
16									
17									
18									

Figura 6.3. Los datos seleccionados para el gráfico.

1. Abra la hoja de ejemplo con los gastos mensuales.
2. Seleccione los datos. Haga clic en la celda C1 y arrastre el ratón hasta la E13. Así lo hemos hecho en la figura 6.3.
3. En la ficha Insertar haga clic en la opción Gráficos recomendados.
4. El cuadro de diálogo de la figura 6.4. muestra el gráfico recomendado: Columna agrupada. Podemos aceptarlo o hacer clic en otro de los recomendados que aparecen debajo. Si ninguno resulta satisfactorio, podemos también hacer clic en la pestaña Todos los gráficos y elegir otro tipo. Para esta práctica, haga clic en **Aceptar**.

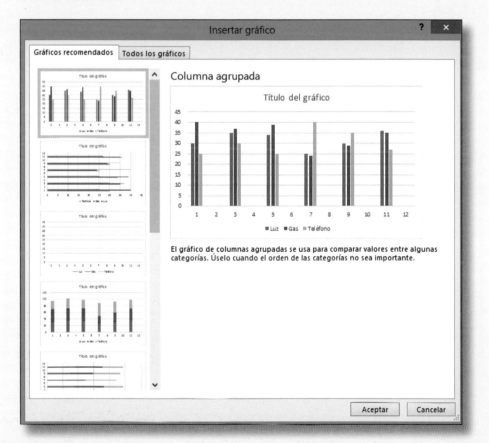

Figura 6.4. El cuadro de diálogo con los gráficos recomendados.

PRÁCTICA:

Para trabajar mejor con el gráfico que ha creado Excel, lo trasladaremos a una hoja de gráfico separada de la hoja de cálculo que contiene las cifras:

1. Haga clic con el botón derecho del ratón sobre el gráfico para desplegar el menú contextual y seleccione la opción Mover gráfico (Véase la figura 6.5). También puede hacer clic en la ficha Diseño de las Herramientas de gráfico y después en el comando Mover gráfico.

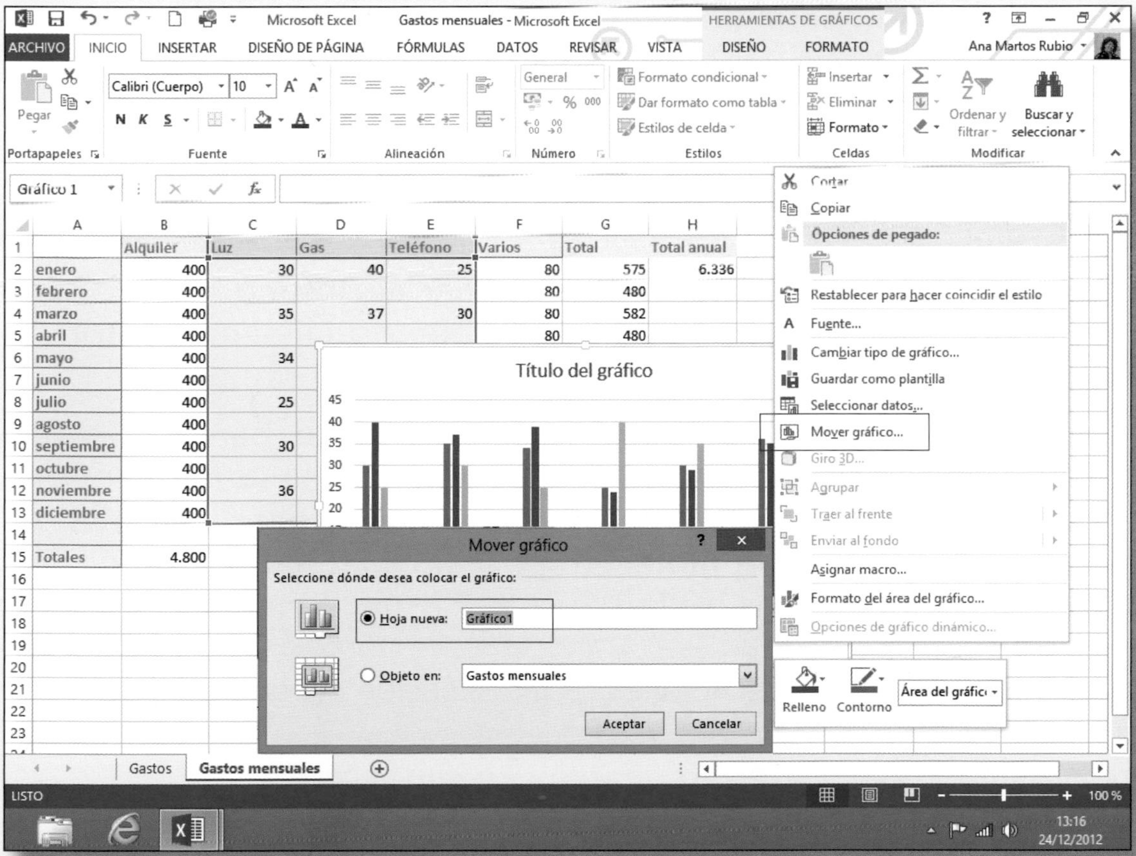

Figura 6.5. El cuadro de diálogo para mover el gráfico.

2. En el cuadro de diálogo Mover gráfico, haga clic en el botón de opción Hoja nueva y escriba un nombre para la hoja, por ejemplo, **Gráfico gastos**.

3. Haga clic en **Aceptar**. El gráfico aparecerá en su propia hoja como muestra la figura 6.2.

Eliminar un gráfico

Para eliminar el gráfico que Excel ha incrustado en la hoja de cálculo, simplemente hay que seleccionarlo haciendo clic sobre él y pulsar la tecla **Supr**. Si se ha trasladado a una hoja nueva, hay que eliminar la hoja completa haciendo clic con el botón derecho en la pestaña y seleccionando Eliminar en el menú contextual. Si no se ha guardado aún, también se puede cerrar el libro de trabajo sin guardar los cambios.

Los botones de modificación del gráfico

Antes de comenzar a retocar y modificar el gráfico, es conveniente que guarde su trabajo haciendo clic en el botón **Guardar** de la barra de herramientas de inicio rápido.

Para modificarlo, además de las opciones de las barras Diseño y Formato de Herramientas de gráfico, contamos con una nueva función de Excel 2013. Son tres botones que aparecen en la parte superior derecha, al hacer clic y seleccionar el gráfico. Puede verlos marcados en la figura 6.2.

Tabla 6.1. Los botones de modificación del gráfico.

El aspecto que tiene	Nombre	Lo que hace
+	**Elementos del gráfico**	Permite agregar, quitar o cambiar elementos con un solo clic.

El aspecto que tiene	Nombre	Lo que hace
	Estilo del gráfico	Permite modificar el estilo o los colores del gráfico con un solo clic.
	Valores del gráfico	Permite agregar, quitar o modificar las series y/o categorías con un solo clic.

Seleccionar elementos en un gráfico

Para seleccionar un elemento del gráfico hay que hacer clic sobre él. Cuando un elemento está seleccionado, muestra pequeños círculos que son los controladores de tamaño para ampliar o reducir el elemento seleccionado. Al aproximar el ratón a un elemento seleccionado, el puntero se convierte en una flecha de cuatro puntas que permite arrastrarlo a otro lugar. Una vez seleccionado, se puede eliminar, coplar, mover, formatear, etc.

- Para mover un elemento seleccionado, aproxime el ratón a un controlador y cuando el cursor se convierta en una flecha de cuatro puntas, haga clic y arrastre al lugar que desee.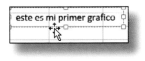

- Para cambiar de tamaño un elemento seleccionado, aproxime el ratón a un controlador y cuando el cursor se convierta en una flecha de dos puntas (Véase la figura 6.6), haga clic y arrastre hacia dentro o hacia fuera. Para preservar la relación de tamaño, arrastre un controlador de esquina.

PRÁCTICA:

Haga clic sobre distintos elementos del gráfico y compruebe que aparecen los controladores de tamaño y posición. Para conocer el nombre de un elemento, aproxime el ratón y verá la información de herramientas.

En la figura 6.6 puede ver la leyenda seleccionada. A su alrededor aparecen los controladores de tamaño. Al aproximar el ratón a una esquina, se ha convertido en una flecha de dos puntas que permite estirar para agrandar el área o disminuir su tamaño. También puede ver la información de herramientas que indica el nombre del elemento seleccionado.

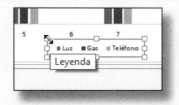

Figura 6.6. La leyenda seleccionada con los controladores y la información de herramientas.

Agregar o quitar elementos de un gráfico

Para agregar o quitar elementos del gráfico, además del botón **Elementos de gráfico**, Excel dispone de la opción Agregar elementos de gráfico, situada en la ficha Diseño.

PRÁCTICA:

Haga clic en la opción Agregar elementos del gráfico de la ficha Diseño o del botón **Elementos de gráfico**. Acerque el ratón a los elementos de la lista. Algunos muestran una casilla marcada y otros sin marcar. Los que tienen la casilla marcada son elementos existentes en el gráfico. Si acerca el ratón a la casilla, verá que el elemento desparece del gráfico. Los que tienen la casilla sin marcar no existen en el gráfico. Acerque el ratón y los verá aparecer.

En la figura 6.7 puede ver que los títulos de los ejes, que no hemos incluido aún en el gráfico, aparecen al acercar el ratón a la casilla correspondiente que está sin marcar. Para agregar los títulos, solamente tiene hacer clic en la casilla para marcarla. Después, podrá formatearlos y escribir el texto adecuado.

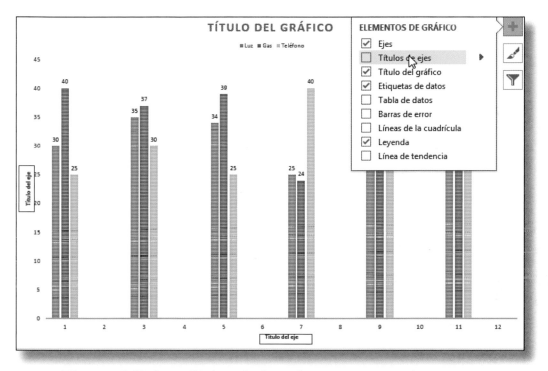

Figura 6.7. Los títulos de los ejes aparecen al acercar el ratón a la casilla correspondiente.

PRÁCTICA:

Agregue un título al gráfico:

1. En la lista Agregar elementos del gráfico, haga clic en Título del gráfico y seleccione Encima del gráfico en el menú.

2. Escriba **Gastos del año 2012**. Observe que escribe en la barra de fórmulas y que el título del gráfico aparece seleccionado con los controladores de tamaño y posición.

3. Haga clic en la ficha Formato de Herramientas de gráfico. Ahora puede elegir un estilo para el título, seleccionándolo en Estilos de forma. Haga clic en alguno de los estilos que muestran ABC. Haga clic en el botón Efectos de forma, que está señalado en la figura 6.8 y compruebe el resultado.

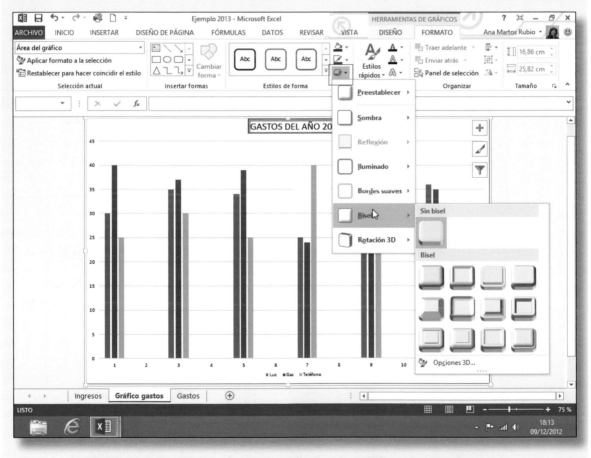

Figura 6.8. El título del gráfico y los Efectos de forma.

4. Si desea agrandar los caracteres del título, haga clic con el botón derecho sobre el título y cuando aparezca la paleta de formato, haga clic en Tamaño de fuente y seleccione 18 ó 20 puntos.

Los rótulos

Para agregar rótulos a los ejes, se emplea el mismo método que el anterior, seleccionando la opción Títulos de ejes en el botón **Elementos de gráfico**.

PRÁCTICA:

Agregue un título al eje vertical seleccionando Vertical primario en la lista de elementos. Escriba Euros cuando Excel cree el título junto al eje vertical y aplíquele un formato como en el título del gráfico. También puede agregar un título al eje horizontal y escribir la palabra Meses, aunque no es necesario, porque utilizaremos etiquetas para poner los nombres de los meses.

Las etiquetas

Dado que no hemos incluido los nombre de los meses al seleccionar los datos para el gráfico, las etiquetas del eje de categorías indican 1, 2, 3, etc. Las cambiaremos por los meses.

PRÁCTICA:

Cambie las etiquetas del eje horizontal:

1. Haga clic en el eje horizontal para seleccionarlo. La información de herramientas indicará "Eje horizontal (Categorías)" y las etiquetas quedarán dentro de un recuadro de selección.

2. Haga clic con el botón derecho del ratón dentro del recuadro de la selección y elija la opción Seleccionar datos en el menú contextual.

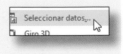

3. En el cuadro de diálogo Seleccionar origen de datos, haga clic en el botón **Editar** de la ventana Etiquetas del eje horizontal (categoría). Así podrá cambiar el texto de las etiquetas que indican 1, 2, 3, etc. Puede verlo en la figura 6.9.

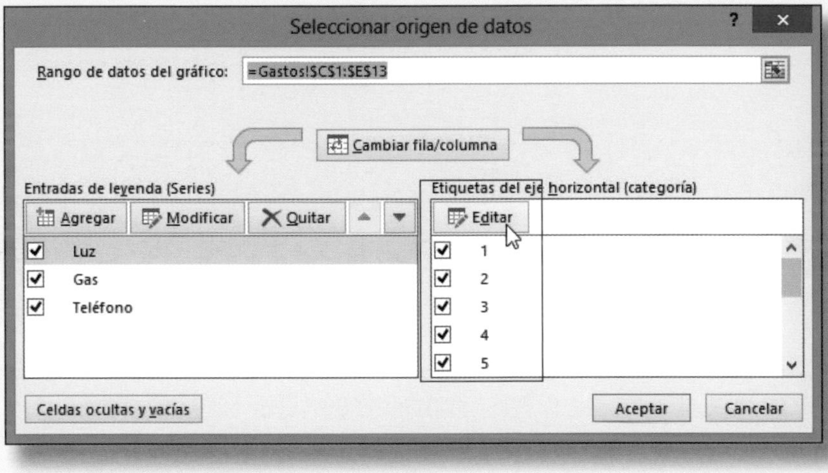

Figura 6.9. El cuadro de diálogo Seleccionar origen de datos.

4. Cuando aparezca el cuadro de diálogo Rótulos del eje, haga clic en la pestaña de la hoja Gastos del libro de trabajo, para ir a la hoja de cálculo que contiene los datos del gráfico, es decir, los gastos mensuales.

5. Haga clic en Enero y arrastre hasta Diciembre. Cuando aparezca el rango **=Gastos!\$A\$2:\$A\$13** en la casilla Rango de rótulos del eje (son las celdas que contienen los nombres de los meses en la hoja Gastos) haga clic en **Aceptar**. Junto al botón de selección coloreado indicará = **Enero; Febrero;** etc. Puede verlo en la figura 6.10.

6. Compruebe que las etiquetas anteriores, 1, 2, 3, etc. han sido reemplazadas por los nombres de los meses. Haga clic en **Aceptar**.

	A	B	C	D	E	F	G	H	I	J	K
1		Alquiler	Luz	Gas	Teléfono	Varios	Total	Total anual			
2	Enero	400	30	40	25	80	575	6.336			
3	Febrero	400				80	480				
4	Marzo	400	35	37	30	80	582				
5	Abril	400				80	480				
6	Mayo	400	34	39	25	80	578				
7	Junio	400				80	480				
8	Julio	400	25	24	40	80	569				
9	Agosto	400				80	480				
10	Septiembre	400	30	29							
11	Octubre	400									
12	Noviembre	400	36	35							
13	Diciembre	400									
14											
15	Totales	4.800	190	204	182	960	6.336				
16											
17											

Rótulos del eje

Rango de rótulos del eje:

=Gastos!$A$2:$A$13   = Enero; Febrero...

Aceptar   Cancelar

Figura 6.10. El cuadro de diálogo Rótulos del eje con el rango que contiene los nombres de los meses.

La leyenda

La leyenda muestra las series del gráfico con sus correspondientes códigos de color.

PRÁCTICA:

Amplíe la leyenda para ver mejor su contenido:

1. Haga clic en la leyenda para seleccionarla.

2. Aproxime el ratón a un controlador de tamaño de esquina y cuando se convierta en una flecha de dos puntas, haga clic y estire hacia fuera para aumentar el tamaño.

3. Con la leyenda seleccionada, haga clic en la ficha Inicio de la cinta de opciones. Haga clic en la lista desplegable Tamaño de fuente del grupo Fuente y elija un tamaño más grande.

4. Guarde el libro de trabajo.

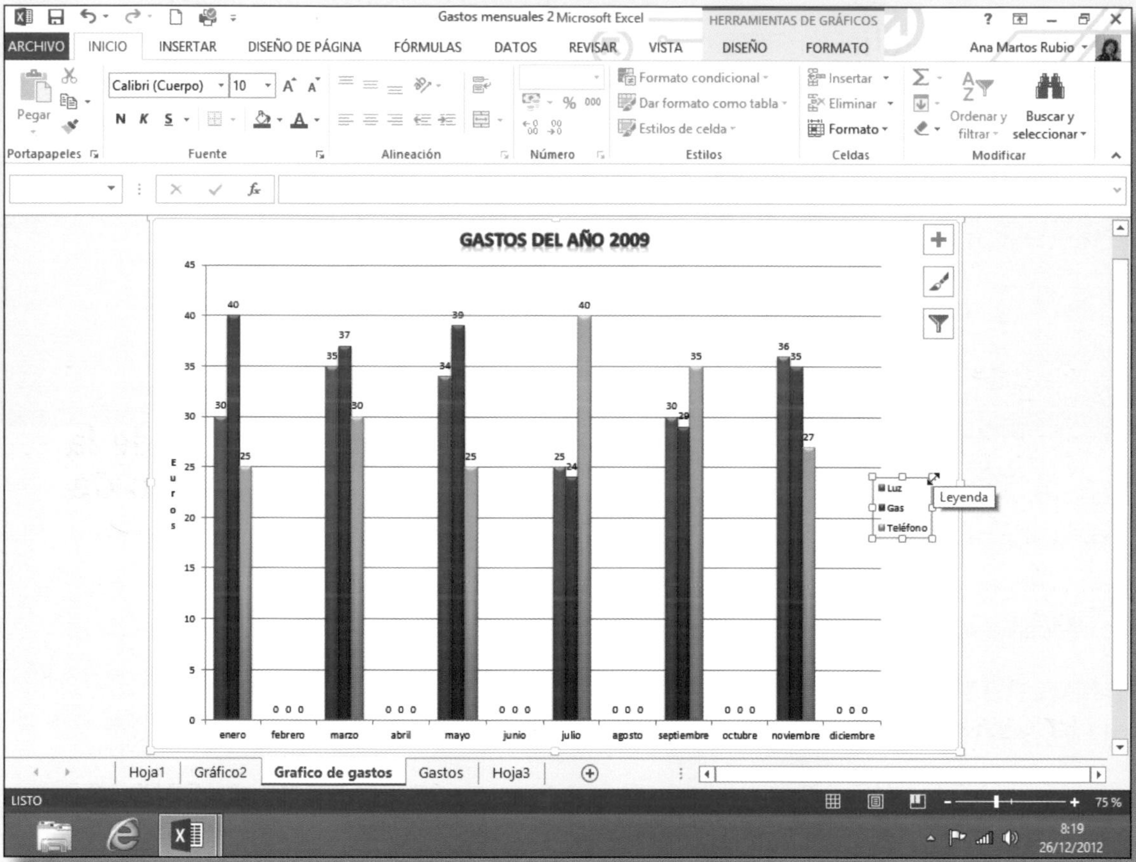

Figura 6.11. El gráfico con título, rótulos y etiquetas. La leyenda seleccionada.

Modificar los valores o categorías de un gráfico

Para modificar los valores del gráfico, simplemente hay que cambiar los de la hoja de cálculo que contiene los datos.

Por ejemplo, si cambia las cantidades o los decimales en la hoja Gastos, el gráfico reflejará el cambio en la columna correspondiente.

Nota: Al seleccionar un elemento del gráfico, si en vez de un solo clic hace doble clic, aparecerá el panel Formato que queda acoplado a la derecha de la ventana de la hoja de cálculo. Como no vamos a utilizarlo, puede cerrarlo haciendo clic en el botón **Cerrar** que tiene forma de aspa.

Agregar texto al gráfico

Además de los títulos, rótulos y etiquetas procedentes de la hoja de datos, se puede agregar al gráfico cualquier tipo de texto, así como cualquier imagen o figura.

PRÁCTICA:

Pruebe a añadir un texto de prueba:

1. Haga clic en la ficha Insertar y seleccione el comando Cuadro de texto.

Figura 6.12. Agregue un cuadro de texto al gráfico.

2. Cuando el cursor se convierta en un punto de inserción, que es una barra vertical, haga clic sobre el gráfico y escriba el texto, por ejemplo, Este es mi primer gráfico. Observe que el texto excede el cuadro de texto insertado. No importa.

3. Seleccione el texto arrastrando el ratón sobre él y aplíquele un formato haciendo clic en la pestaña Inicio para elegir una Fuente y un Tamaño de fuente.

4. Aproxime el ratón al cuadro de texto y cuando se convierta en una flecha de cuatro puntas, haga clic y arrastre a otro lugar del gráfico. Aunque el texto sobresalga, se moverá con él.

5. Para borrarlo, pulse la tecla **Supr**, con el cuadro de texto seleccionado (cuando se vean los controladores de tamaño y posición). Se borrarán el cuadro y el texto que contiene.

Cambiar el tipo de gráfico

Para cambiar el tipo de gráfico, por ejemplo, pasar de columnas a líneas, hay que hacer clic en la pestaña Formato de la ficha Herramientas de gráfico. El comando Cambiar tipo de gráfico del grupo Tipo permite seleccionar cualquier modelo.

Cambiar tipo de gráfico

Imprimir el gráfico

Imprimir un gráfico es similar a imprimir una hoja de cálculo. Solamente hay que hacer clic en Archivo y después en Imprimir para acceder a la vista previa. La orientación predeterminada es horizontal. Una vez comprobados los parámetros de impresión, hay que hacer clic en **Imprimir**.

Normalmente, no podrá ver el gráfico en modo Vista previa de salto de página, pero sí podrá comprobarlo en la Vista previa de impresión de la ficha Imprimir.

Si necesita ampliar o reducir el tamaño del gráfico, haga clic en el botón de los márgenes para ver los controladores de márgenes en la vista previa. Haga clic en el controlador del lateral que precise modificar y arrastre el ratón hacia uno u otro lado hasta conseguir que el gráfico quepa totalmente en la hoja de papel. En la figura 6.13, puede ver el cursor con forma de flecha de dos puntas, arrastrando hacia dentro el borde del área de gráfico para reducir su tamaño.

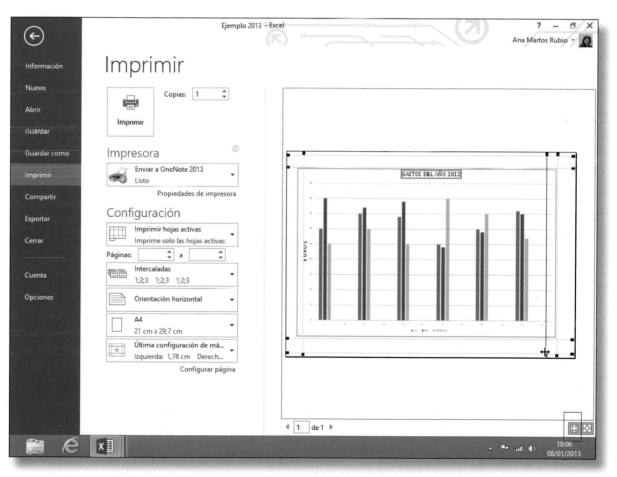

Figura 6.13. Haga clic en el controlador y arrastre.

Combinar celdas

Si quiere ampliar un texto o una imagen, puede combinar varias celdas de manera que se forme una sola. En el capítulo 3 comprobamos que el texto Gastos mensuales que encabeza las cifras de gastos no cabía en una sola celda y tuvimos que ensanchar la columna para darle cabida.

PRÁCTICA:

Aprenda a combinar y centrar un texto en dos celdas:

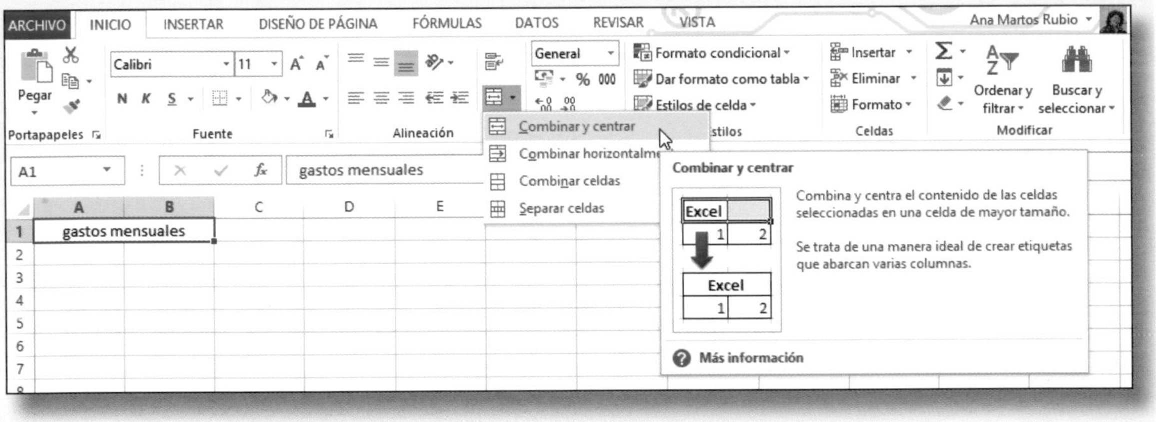

Figura 6.14. El comando Combinar y centrar permite combinar y separar celdas.

1. Escriba Gastos mensuales en una celda cualquiera de la hoja de cálculo.

2. Como ya vimos anteriormente, el texto se expande a la celda de la derecha, pero realmente se encuentra en la celda de la izquierda. Haga clic en la celda de la izquierda y seleccione la de al lado arrastrando el ratón.

3. Con las dos celdas seleccionadas, haga clic en el comando Combinar y centrar del grupo Alineación de la ficha Inicio.

4. Si necesita más tarde dividir la celda combinada, selecciónela y haga clic en el comando Combinar y centrar, seleccionando luego Separar celdas en el menú.

CREACIÓN ARTÍSTICA CON EXCEL 2013

El comando Ilustraciones de la ficha Insertar presenta un menú que ofrece varias opciones:

- Imágenes. Este comando abre el cuadro de diálogo Insertar imagen para localizar una imagen guardada en su equipo e insertarla en la hoja de cálculo.

- Imágenes en línea. Este comando accede a Internet para localizar imágenes disponibles. Podrá insertar imágenes prediseñadas de Office.com, imágenes localizadas mediante búsquedas de Bing o imágenes guardadas en su espacio de SkyDrive.

- Formas. Este comando despliega un panel en el que elegir formas geométricas con las que componer organigramas, diagramas de flujo, signos para enlazarlas, etc.

- SmartArt. Resulta útil para crear organigramas y objetos gráficos, también, para organizar imágenes de forma artística.

- Captura. Este comando permite insertar una captura o recorte de una pantalla de los programas que no están minimizados en la barra de tareas.

También es necesario destacar la opción Ecuación del comando Símbolos de la ficha Insertar, comando muy útil para crear ecuaciones encontrando los signos necesarios para diseñarla como si fuera una imagen.